みんな、神様をつれてやってきた

宮嶋 望
北海道 新得共働学舎代表

地《ち》湧《ゆう》社

みんな、神様をつれてやってきた　目次

序　章　7

第1章　自由を求めて　17

わかりました、婚約します
自由になった！
おまえは強制送還だよ
夢に向かってよじ登っていく
明日にも産まれそうなんだ！
戦争が残すのは地雷だけではない
米国のまねは絶対しない

第2章　仲間とともに

こんなに急なのか！
いかに生きのびればいいいか
マイナス三十二度まで
あいつらなかなかやるぞ
本物の味に出会った

四十七歳で天寿をまっとうした
なんでおまえは生きている？
母さんに抱かれたい
こいつら、できるじゃないか
現実から逃げない
アマテラスを引き出せ
自分だってできる
これだけできたじゃないか
おまえ、何を言ってるんだ
仲間に支えられた
戦場は彼の心の中にある
人生に無駄なことはない
今日は何をするんだ？
森の中の木が見えているか
町長の心を動かした

第3章　本物をめざして

歴史ある味にはかなわない
われわれは伝統の食を守っている
牛乳を運ぶな！
ここで決断して実行しなければ
チーズづくりはアートだ！
完全にオーバーワークだ
受賞で救われた
いつまでコピーをつくるんだ
今度はヨーロッパ？
何が起こってるんだ？
おまえにはミッションがある
こびちゃだめだ
「おいしさは自然の中にありました。」

第4章　次の社会へ　177

序　章

なんでも自分が好きなことをやれ

北海道新得町の共働学舎新得農場にイチカワが初めて来たのは、二〇〇一年の秋だった。サリドマイド被害者を支援する会から、その前に打診があった。

「彼はいろいろ問題があって、働きはじめても三か月ともたないんですよ。これまで十か所以上で仕事をしたんですが、うまくいかずにまた東京へ戻ってきてしまうんです」

「いいですよ。三か月もたないなんて、うちでは珍しくありませんから」

いつものように僕は答えた。

共働学舎には、心身に障害をもつ者や家族のない者、うつ、ひきこもり、登校拒否など、この社会にうまくなじめないさまざまな人間が集まり、ともに暮らし働いている。新得農場設立から三十年、薬害で手足の短い赤ん坊として生まれたサリドマイド被害者を受け入れるのは初めてだった。

イチカワは当時四十歳。両腕がまったくなかったが、がっちりとした体つきで、なかなか不敵な面構えをしていた。当初は気を張り詰めながら周りを威嚇するように存在していた。

話をするうちに彼は頭がよくて努力家であることがわかった。筑波大学を卒業し、車の免許を持っていた。パソコンもやった。ところが、就職となると、パソコン操作にしても足でやるぶん、効率が悪い。自分のペースで仕事ができず、もともとけんかっ早い彼は、すぐに同僚や上司とけんかして辞めてしまう。そういうことが繰り返されたようだ。

「ここで何をしたらいいですか?」と彼はきいた。そのたびに僕は「なんでも自分が好きなことをやれ」と答えた。チーズづくり、牛の世話、野菜づくり、工芸品づくり、販売所…。ここではやるべき仕事はたくさんある。時間がかかっても、自分のしたいこと、自分に合うことを見つければ、これまで知らなかったみずからの可能性に出会えるかもしれない。最初は戸惑っていたようだが、彼は次第に自分の生活パターンを見つけていった。

まず朝四時に起きて牛舎の掃除をする。通路の牛糞《ぎゅうふん》を集める作業だ。牛舎から牛を追い出して、雪をすくうスクレイパーの柄を足と体を使ってあごの下にぐっとはさみ、おなかでそれを押していく。そうやって通路にある牛糞を一か所に集める。ゆっくり、でも丁寧にやる。一か所に集めておくと、あとでタイヤショベルという運搬機械がまとめてすくいあげ、いっぺんに運び出せる。仕事の効率が格段に良くなるわけだ。

彼はみんなが起きてくる前の時間帯にそれをやる。それには理由がある。両腕のない彼は、体のバランスを保つことが難しく、機械のそばで仕事をすると危ない。それだけ彼も機械のオペレーターも気をつかう。そのことを彼自身よくわかっていて、餌《えさ》やりが来る五時半ごろには、自分の仕事を終わるようにしている。みんなが出てくるころには、彼は食堂に行き、みんながコーヒーを飲めるよう準備する。

昼間は、織物や工芸をする。羊から刈り取った原毛を、針のたくさんついたカーダーという道具を使い、足でぐっと伸ばしていってそろえる。その毛からフェルトボールをつくったり、糸を紡いで織機で織ったりする。それを足だけで、それもかなりのスピードでやる。

三か月を過ぎたあたりから、彼の顔が穏やかに変わってきた。学舎に来て、初めて自分のリズムで仕事ができるようになったからだろう。みんなと食事をするとき、テーブルの上に足をあげて食べる彼は最初、遠慮がちに部屋の端っこのほうに座っていた。今はいちばん目立つ場所が彼の特等席だ。周りも気にしない。ごく普通の光景だ。

彼が学舎に来たとき、なぜかいろいろと身の周りの世話をするようになったのが、当時十六歳のテスだった。体重が百二十キロ以上あり、中学校ではいじめに遭った。高校に行くのがいやで学舎に来た。こちらからは何も言わないのに、テスはごく自然にイチカワを手助けしていた。イチカワも彼といるときは気分が安らいだ。といっても、親子ほどの年齢差がある。自分に自信がもてないテスを、イチカワは彼なりの仕方で励ましていた。テスの存在で、イチカワのこわばりは次第に緩んでいったようだった。

周りも彼の存在を自然に受け入れるようになった。彼が食堂の席に着くと、誰ともなく配膳し、食事を終えると誰かが彼の食器を運んで厨房《ちゅうぼう》で洗う。ふだん自分のことに精いっぱいで、他人の食事や食器のことなんて気にかけない連中が、すっと食器を並べ、すっと持っていく。

彼が最初に学舎に来たとき、「まず三か月ここにいて、それから、そのままいるかどうか自分で決めろ」と伝えた。三か月後、彼は「ここにいる」という答えを出した。

生かしておいてくれてありがとう

学舎では日曜日の夜に食堂で「礼拝」という時間をもっている。みんなで賛美歌を歌い、順番でメンバーの一人が最近感じていることなどを語ることになっている。メンバーは五十数人いるから、なかなか順番は回ってこない。

イチカワにも何度か回ってきた。ある日曜、順番に当たった彼は「僕は宗教も信仰もあまり好きじゃない。だから聖書も読まない。だけど、今日は今まで話したことのないことを話します」と言って、自分の過去について語りだした。

彼はある街の比較的いい家柄に生まれたという。一九六〇年代初め、サリドマイドという言葉は一般に知られていない時代だった。そこに両腕がない赤ん坊が生まれた。家長である祖父は赤ん坊を見て「手のない子どもなど認めることはできない」と、母親には死産だったと伝え、赤ん坊を裏山に埋めてくるよう家族らに命じた。

みんないやがって誰も行こうとしなかった。祖父は「誰も行かないならば自分が行く」と言った。すると、父親が「この子は自分の子だ。自分が行く」と言って赤ん坊を抱え、スコップを持って山へ入っていった。父が祖父に口答えしたのは、このときが生まれて初めてだったという。

父親は山の中で穴を掘った。しかし、どうしても埋めることができない。赤ん坊を抱えたまま山をさまよいつづけて、結局、近くの孤児院の前に置いて逃げ帰った。家の者には「埋めてきた」と伝えた。

朝になって、施設の職員が赤ん坊を見つけた。それから、赤ん坊はそこで育てられた。二年ほどたったころにサリドマイドの被害者であることが認知され、東京都の障害者施設に移されて、そこで育てられることになった。

やがて中学生になったときに、彼は自分がどこで生まれたかということを聞かされた。「生まれた街に行ってみたい」。彼は遠く離れた街に行った。赤ん坊だった彼を見つけた女性職員にも会った。そして彼の両親を探してみようということになり、新聞で呼びかけてみた。一週間という期限を設けて待った。

最後の日の午後、男性から施設に電話がかかってきた。彼の実の父親だった。父親は会いに来て、息子が生まれたときの話をした。穴を掘ったこと、山をさまよったこと、施設の前に置いて帰ったこと。そして涙を流しながら「すまなかった、すまなかった」と何度もわびたという。

イチカワが淡々と語る話に、食堂は静まり返った。空気が張り詰めていた。ふだんの礼拝では眠たそうに聞いている連中が、このときはじっと耳を傾けていた。

僕もただその事実に圧倒されていた。一言だけきいた。「それでおまえ、そのとき父親になんて言ったの?」

イチカワは答えた。「いや、すぽっと言葉に出てきたのは『お父さん、僕を生かしておいてくれてありがとう』。そう言った」。それを聞いた父親は、またわっと泣いて「すまなかった」を繰り返したという。

「ありがとうとよく言えたね」と僕が言うと、彼は「親に会った感動なんかはなかった。けど、すっと言えた」と答えた。

父親はおそらく優しい人だったに違いない。そのぶん自分がやったことに苦しんだだろう。息子を捨てた親として名乗り出るかどうか、最後まで悩みつづけたはずである。最後に名乗り出て、ひたすらわびる父親を前にして、彼の口から出たのは恨みの言葉ではなかった。

おれはこのままでいい

中学生だった彼がそのとき、父の話をどういう思いで受け止めたか。高校時代は荒れて煙草を吸い、悪さもした。しかし、自分よりもつらい状況でもがき苦しむ仲間に会った。状況と闘いながら死んでいく者もいた。

自分は死の一歩手前まで行って引き戻された。死んでいてもおかしくはなかった。これは奇跡だ、すごいことだと思えるようになった。自分は生かされていた。おれはこのままでいい。自信をもってそう言えるようになり、自分の存在に意味があると信じることができた。一人の人間として、社会人として生きていくという覚悟ができた。

僕らは普通、手がなければ不便だ、何もできないと思ってしまう。でも、そうではない。彼は言う。自分にとっては、手など最初からないものだ。だから、あるべきものが欠落しているという意識もない。手がなくても食事はもちろん、改造した車も運転できる。仕事もできる。何もわずらうことはない、と。

彼が自分の出生にかかわる話をしたのは、学舎に来てから一年半以上がたってからだった。それまでは何も言わなかった。彼が話したことに対して僕らが言えることは単純だけれども、ある。それは「そうか、わかった。だったら、おまえはやりたいことをやれ。そして、これからもお互い仲良くやっていこうぜ」ということだ。

それから、ふっと彼のもっていたトゲのようなものが取れた。それまでの四十年、いじめやさげすみ、敵意、同情、憐憫《れんびん》、いろいろな視線と仕打ちから自分を守るために身にまとっていた重い鎧《よろい》を脱ぎ捨てた。そして、自分をあなどるやつ、同情するやつとはいつでも相手になってやるという戦闘態勢を解いた。

すると、今度変わったのは周りの者だった。不安や悩みで苦しんでいても五体は満足だ。手のない仲間が朝四時から牛舎で働いている。彼らは布団の中でのうのうと寝ていられなくなった。搾乳に出てくる時間が早まった。それまで食事の時間もあってないようなものだったが、決まった時間に決まったことをやることがみんなの中で共有されるようになっていった。

周りは最初、彼のことを何もできずに気の毒だという目で見ていたかもしれない。しかし、何もできないどころか、五体満足の自分以上にきちんと仕事をやっている。そうしてあらためて自分を見たときに、これまでとは違う自分の姿が見えてきたはずだ。自分は不遇だ、恵まれない。そんな思いにとどまっていた者たちが、そこにとどまることができなくなった。そのとき、彼らは自身で新たな一歩を踏み出したのだと思う。

イチカワが実際にやっている仕事量は多くはないかもしれない。けれども、彼が学舎にいる意味は大きい。彼の存在によって、ほかのみんなが動く。自分のしたい仕事をするという思いで彼が動くことが、周りを動かす。一人の人間の生きる姿勢がそんなふうに、仲間たちとの暮らしの中で何倍にも膨らむことがある。

第1章　自由を求めて

僕は自由をこよなく愛した。責任をもつから自由にやらせろと考えていた。自分の中からわいてくるさまざまな発想を実現したい。でも、それを規律だ、秩序だとなんだかんだ言って止められる。それが僕には面白くなかった。

生まれたときに種はまかれていた

僕は、福祉的な側面をもつ共働学舎新得農場の代表をしている。しかし同時に、チーズ職人であり、酪農家であり、事業家だ。また在野の科学好きな研究者でもある。また、敬虔《けいけん》かどうかわからないが、クリスチャンだ。そうしたまったく異なる僕の側面は、どこか深いところで結びつき、不可分にかかわりあっている。それが僕という人間の個性であり、総体だ。

だから、僕は福祉を語りながら、知らない間にチーズを語り、チーズの話をしながらいつの間にか科学の話をしている。科学の話は今度、宗教の話になるかもしれない。この本もそんなふうに、互いに異なる世界を駆けめぐることになるだろう。でも繰り返すが、それらはすべて密接につながっている。そして、それが共働学舎新得農場のユニークな在り方にもつながっているように思う。

やがてこの新得農場で育ってゆくことになる種は、僕が生まれたときからすでに、僕という土の上にまかれていたように思えてならない。そのことを知ってもらうために、僕自身の生い立ちから記していこう。

僕は一九五一年、群馬に生まれた。長野で育った父方の祖父は戦前、ロンドンに長く滞在し、住友グループの中で損害保険部門の住友海上火災を立ち上げた、いわば事業家だった。十代半ば、進学に反対する父親に抗議の血書を残したまま家を飛び出したそうだ。雪の中を歩きつづけて行き倒れ、凍死寸前のところで、たまたま親切なおばさんに見つけられた。そのおばさんの家に下宿しながら学校に通ったらしい。

やがて、その息子たる僕の父は長年いた職場を飛び出し、孫の僕は日本を飛び出すことになるのだが、根拠地を飛び出す習性は、わが家の家系なのだろうか。

祖母は金沢の高等師範学校を出て、本当かどうか金沢で最初にバイオリンを弾いたという才女だったらしい。夫婦そろって熱心なクリスチャンだった。息子、つまり僕の父を、キリスト教に基づく人間教育を実践する自由学園に入学させたのは、そうした信仰からだった。祖母の部屋には仏壇があってロウソクがあり、そこになんの違和感もなく十字架がかかっていたのをよく覚えている。

自由学園は一九二一年、クリスチャンの羽仁吉一《はによしかず》、もと子夫妻によって東京・目白に女学校として創立された。二人は当時の報知新聞社で働き、退社後、現在の『婦人之友』の前身、『家庭之友』を創刊したジャーナリストだった。目白の校舎は、米国の建築家フランク・ロイド・ライト氏の設計だった。その後、東京郊外の久留米村（現東久留米市）に校舎を新築する一方、小学校に当たる初等部、中学校・高校に当たる女子部と男子部、幼稚園に当たる幼児生活団、大学に当たる最高学部を設立した。

僕の父、宮嶋真一郎は、自由学園男子部の第一期生だった。兵庫県芦屋《あしや》市から東京に出て寮生活を始め、男子部を卒業するときには、すでに太平洋戦争が始まっていた。父は学園のヒーローだったようだ。勉強も英語も運動も指導力も抜群で、下級生からも「ミヤシン」と呼ばれて、信頼を寄せられていた。体操が得意で花形だったらしい。当時の写真を見ると、確かにかっこいい。

「ミスター羽仁」と呼ばれた創設者の羽仁吉一からの信望も厚かった。男子部にいるとき、ミスター羽仁から「君は何になりたいんだ?」ときかれた父は「医者になりたい」と答えたそうだ。すると羽仁夫妻からケラケラ笑われて「宮嶋君が医者だってさ。いやー、君は学校の教師だよ」と申し渡された。父はそのまま学園に残り、男子部の英語教師になった。

戦時中は、学徒動員などで寝ずに頑張ったそうだ。学徒動員では、女子部の生徒を世界有数の航空機メーカーだった「中島飛行機」に連れていき、飛行機の部品製造などを指導していた。その女子部の生徒に、のちに結婚することになる六歳下の僕の母がいた。母はピアノが得意で、短い間だが群馬交響楽団のピアニストをしていた。初等部時代の同級生には、のちに映画監督になる羽仁進《すすむ》さんがいた。初等部、女子部と言っても、自由学園を知らない人にはピンと来ないだろう。今後は一般の小学校や中学校などと表記しよう。

当時から父は学園内で一種のカリスマ的存在だったようだ。生徒時代、教師時代を通じて父が自由学園で培った信望と人気は、やがて共働学舎を立ち上げ、運営する際の厚いいしずえとなる。僕は良くも悪しくもこの父の圧倒的な影響下で育てられた。

おまえは違う

僕は四人きょうだいの長男で、名前の「望《のぞむ》」はミスター羽仁が聖書の「それ信仰は望むところを確信し、見ぬものを真実とするなり」から取ってつけた。同じく弟は

「信《まこと》」と名づけられた。

僕らは子どものころ、相当な悪ガキだった。戦争ごっこと言っては敵の生徒を捕虜にして納屋に閉じこめたり、校内で爆竹を鳴らしたり、石を投げてガラスを割ったり、従兄弟や弟を含めて「南沢四人組ギャング団」と自称していた。

僕らが住んでいた東久留米市南沢は、武蔵野の緑と水に恵まれ、子どもが自由に遊べる自然豊かな地域だった。とことん追求するタイプの僕は、何をするにしても時間を忘れて没頭した。頭を駆使していたずらをした。

ところが、そんな勝手放題の行動は、父の倫理観からは相当外れていたようだ。四人きょうだいの中で、よく「おまえは違う」と言われた。弟たちの体があまり丈夫ではなかったこともあり、「弟ばかり大事にされている」という意識が僕の中にはいつもあった。弟の事故で、なぜか僕がしかられた。父に殴られたことがあるのも僕だけだった。一度頭にきて、弟の教科書やノートを二階の窓から全部捨てたことがあった。弟が嫌いなわけでも憎いわけでもなんでもなかった。親へのあてつけだった。

父は信仰心が厚く、正義感が強かった。それは学校でも家庭でも変わらなかった。確かに父の言っていることは立派で正しかった。「人がこの世に生まれ生きていくのは自分のためではなく、他を愛し、ともに生きるためだ」「本当に平和な社会をつくるために、誰もが必要な存在としてつくられているんだ」

しかし、幼い子どもとしては、正論ばかりだとどうにも息苦しかった。「おまえは違う」と言われると、こちらの立場はなかった。僕がいつも自由を欲し、人の自由も最大限尊重しようとするのは、この幼少時からの鬱屈《うっくつ》した思いの反動かもしれない。

疑問だったのは、夕食の前に子どもらが交代でやらされるお祈りだった。お祈りといっても、誰誰さんが病気だから早く治りますようにとか、今日こんなことがあってありがとうございましたとか、自分なりに考えて言わなければいけない。

しかし、ある日気づいた。自分はいつの間にか父の目を意識して言葉を選んでいるのではないか、と。つまり「今日のお祈りはよかったよ」と父が気に入るように、子ども心に言葉を選んでいるのだ。それに気づいたとたん、たまらない嫌悪感を覚えて、十歳を越えたころからは、父が望むようなお祈りの言葉を一つだけ決めて、毎回変えずに繰り返した。それはそれで、また父に怒られた。だから僕は今でも人前で祈るのは苦手だ。祈るときは自分の部屋で戸を閉じて祈れ。つい、そう言いたくなる。

僕は生まれたときから自由学園の中にいるようなものだった。祖母は自由学園の家政科で裁縫などを教えていた。同居していた従兄弟とは同級生で、小学校から大学に入るまでずーっと同じクラスだった。父親同士、母親同士、息子同士が学園の同級生ということはざらで、縦横斜め、どっちを向いても自由学園に塗り込められていた。周りからは自由学園の申し子のように思われていた僕は、それがいやでいやで仕方なかった。それでも小学校を卒業したら、学園の中学校にそのまま上がるのは当然だと思っていた。

ところが中学校進学のとき、父から「おまえは男子部に来るな」と言われた。「親が学校で息子を教えるのはまかりならん」という理由だった。ショックだった。合点がいかなかった。そして、自分で願書を取りにいき、出しにいった。それでまた大騒ぎになった。

すったもんだの末に入学したら、寮生活が始まった。僕は父の顔を見たくなくて、走って三分の自宅にはなるべく帰ろうとしなかった。でも洗濯だけは洗濯機のある自宅でやりたかった。だから洗濯物を抱えて、がーっと洗濯して干して、翌日にはそそくさと寮に帰ったものだ。

空を飛びたい

僕は家から逃げたい。父は僕を管理下に置きたい。そこで、父は一計を案じた。「スキーに行っていいぞ」と大学生の監視人をつけて、僕を岩手の牧場にやることにしたのだ。中学一年の冬休みのことだった。リフトも何もないスキー場だったが、そのときに初めて僕は、その後、長く深くつきあうことになる牛と出会った。最初は牛そのものよりも、自然の中で自由に体を動かせること、牛を追って野原を走りまわっていることが大好きだった。

先輩夫婦がやる牧場で、翌年の春休みには一人夜行列車に乗って牧場を訪れた。牛の尻をたたいて放牧の世話をしていれば、食事と帰りの汽車賃がもらえた。トラクターに乗ったり、ジープを動かしたり、その解放感がたまらなくて、大学に行くようになっても毎年訪れていた。

ものづくりも小さなころから好きだった。模型や木工、ラジコン。戦争ごっこの武器をつくろうと、爆竹でピストルをつくったときは本当に鉛筆が飛び出して、これはまずいと思ってすぐにやめた。中学一年の夏休みには、親父が設計した長野県の宿舎の建設を学生とともに手伝った。

そのころから自分の発想は、いつも何か立体的だったと思う。立体的とは、さまざまな側面が同時にありながら、しかも一つのものだ。イメージを思い浮かべるときにも切り取った平面ではなくて、横からも上からも裏からも同時に見てしまう。いつも同時にまったく違う方向から見ている感覚があった。

だから、同級生からは「発想が変わっている」とよく言われた。どう変わっているかはわからなかったが、次から次にいろいろな発想がわいてくることは確かだった。誕生会で飾りつけをするなら、いろいろな絵柄を組み合わせて一つのことを表現しよう。イベントで運動をやるなら、異なるスポーツを同時にやって見せよう。そんなイメージが次々に浮かぶ。絵を描くのも好きだったが、関心はやはり立体的なレリーフ、石彫へと移っていった。さまざまなことを同時並行でやっていく。それは今の僕のありようそのままかもしれない。

立体的なイメージと関係があるのかどうか、幼いころから僕はよく空を飛ぶ夢を見た。三次元の空間をあっちに行ったりこっちに行ったり、自在に飛んでいる感覚が実に気持ちよかった。当時、「ノンちゃん雲に乗る」という映画があって、ノンちゃんが雲の上を飛行機に乗って飛ぶシーンには、興奮を抑えられなかった。ショックだったのはノンちゃんが女の子だったたことだ。

なぜか高い所も好きで、煙突でも屋根の上でもすぐに登ってしまう。降りるときに怖いと思っても、どうしても登って周りを眺めたかった。中学生のとき、寮の風呂炊き当番があるたびに、煙突のてっぺんに座って空を眺めていた。そのときはもう自分は空を飛べるような気持ちになっていた。空は僕にとってとても近い場所だった。

実は、母方の祖父は中島飛行機の幹部だった。戦前、東京大学航空研究所で設計した飛行機（神風号）が東京―ロンドン間を九十四時間で飛んで、当時の世界記録をつくった人だった。「隼《はやぶさ》」や「疾風」を開発し、零式艦上戦闘機、いわゆる零戦の生産にもかかわったという。僕はそのことを子どものころに聞かされて、いつになく興奮した。おじいちゃんは大空を舞う飛行機をつくった人なんだ！　自分もいつか絶対、空を自由に飛びたい！　わくわくしながら、そう思っていた。

飛行機乗りになる夢は、五十歳を超えて果たすことができた。超軽量飛行機のライセンスを取って、大空を舞うことができたのだ。夕日の中、初めてソロで飛んだ感覚は忘れられない。思いはいつか通じるものだ。

僕は自由をこよなく愛した。責任をもつから自由にやらせろと考えていた。自分の中からわいてくるさまざまな発想を実現したい。でも、それを規律だ、秩序だとなんだかんだ言って止められる。それが僕には面白くなかった。

自由学園の理念に「自労自治」という項目がある。自分たちの生活は自分たちで面倒を見ることが求められる。修学旅行や登山があれば、それを自分たちで取り仕切り、生徒間でトラブルが起これば、教師と連絡をとりながら解決しなければいけない。面倒ではあるが、リーダーシップは養われる。現代の管理教育とは対極にある方法だが、組織をどうまとめていくかを体験させられる。

僕は理屈に合わない慣例なんか全部ぶっ壊してやろうと思っていた。高校で副委員長をやったときも同級生と話し合いながら、不合理な慣例をどんどん変えていった。それが何か痛快だった。

エネルギーって何だろう

東京オリンピックがあったのは、僕が中学生のときだ。その前に当時の皇太子と美智子さんの結婚があり、大阪万博は高校三年のときだった。高度成長期のまっただ中にあった日本は、エネルギーにあふれていた。

大学に入る前から、大学紛争が沸騰し、バリケード封鎖やデモ行進など、社会は騒然たる空気に包まれていた。大学で僕の仲間もデモをやって逮捕されたり、討論のために講義をつぶしたりしていた。僕もそういう討論に参加して、自分の意見をがんがんぶつけていた。しかし、いわゆる学生運動の流れに染まってものを考えている人たちには強い違和感を覚えてもいた。

ついこの間まで好きなことをやっていた連中が、マルクス主義だ、権力打倒だと昨日覚えたような言葉をつばを飛ばして語っている。でもその言葉の裏付けは何なんだ？　根拠はどこにあるんだ？　それが僕にはよく見えなかった。対する教授陣や大学当局のかたくなな態度も異様に見えた。双方ともに理念が先行した主張と議論に強い拒否感があったのだ。

そもそも自由学園には「本物を求める勉強」という理念がある。「実物に即し、本物に触れる」実践教育を旨としている。言葉の前に、目の前の事実を重んじるという態度だ。

特に僕はその傾向が強かったのだろう。大学では放射線物理を専攻した。放射線の実験は、放射線が充満した部屋で観測しなければいけない。危険な実験だ。先輩から「おまえの役目だ」と言われて、ずっと請け負っていた。「どうして交代でやらないのか」と腹が立った。そのときに気づいたのは、いちばん弱い立場の者がいちばん危険なことをやらされる、ということだった。「原発ジプシー」の存在も聞いた。いやだなと思った。もっと安全なエネルギーの利用法はないのかと考えた。

父が学校植林の責任者だったこともあり、僕は幼いころから木に触れ、学校林でも始終植林をさせられていた。まだ生まれてハイハイしている時期に、母とともに秩父の植林に連れていかれた僕は、スギ林の中を裸ではいずりまわっていたそうだ。

木はなぜ育つのだろう？　植物は太陽の光で光合成をする。人間も太陽の光がなければ生きていけない。いちばん安全なエネルギー、それは太陽の光だ。では宇宙から降ってくる太陽のエネルギーとはなんだろう。微生物から人間まで生き物の生命力を維持するためのエネルギーってなんだろう。それを知りたかった。

卒論は森林生態学だった。植生遷移をシミュレーションするコンピューターソフトをつくった。だが、生態学が体系化されていない時代で、途中で行き詰まってしまった。一週間ほど勉強もせずに、クレパスで絵ばかりを描いていた。描きながら無意識にどうしたらいいかを考えていたのだろう。一週間経って、どういうわけかパッとアイデアがひらめいた。第一ステップはこうで、第二ステップはこうで、とステップがパッパッパッと見えた。第八ステップまで考えて、今度はそれに数式をはめこんで、一応コンピューターモデルの形を整えた。

係数を計算するのに当時のコンピューターでは役に立たず、後輩三人を雇って電卓でパチパチやらせた。係数を調整して自然の観測データに数式が合うように持っていった。発表したら、微生物の東大名誉教授ら顧問の先生から絶賛された。それまでにはなかった研究テーマだったらしい。それらの経験は、のちに自然に即した酪農・農業を考えるとき、とても役立った。

なかなか信じてもらえないが、僕は大学に入るまでは無口で、あまり目立たない子どもだった。人の話はよく聞いていたが、自分から何かを主張したり、前に出て話したりすることはなかった。

それが大学に入って変身した。大学で学生運動のあおりを受けた学生と教師が、政治や教育について侃侃諤諤《かんかんがくがく》たる議論しているのを聞いていると、どうも論点がかみ合っておらず、いらいらした。あなた方の言いたいことはこうで、こちら側の言い分はこうだから、議論の焦点はつまるところ、ここにあるのではないか。そんなふうに論争の交通整理をしているうちに、僕は雄弁になっていた。雄弁はいつの間にかおしゃべりになっていた。

いったい何が起こっているのか

父が三十年勤めた自由学園を辞めると言いだしたのは、僕が大学一年のときだ。家族を集めて、「自由学園では自分の思う教育ができない。辞表を書いた」と告げたのだ。青天の霹靂《へきれき》だった。いったい何が起こっているのか、わけがわからなかった。

僕は幼いころから自由学園の教育が絶対という環境で育てられ、その体現者はすなわち父親だった。親父の考え方は常に正しいと思っていた。当然、自由学園と父の教育理念は一枚岩で、学園では理想的な教育がなされていると信じていた。それがある日、なんの前触れもなく真っ二つに割れたのだ。ちょうど大学紛争のただ中、僕は『自由人』という学内雑誌に「真の自由学園の教育を求めて」というタイトルで論文を連載し、活発に討論を続けていたころだ。

僕は頭にきた。親父は常日ごろ「自分が責任をもってやりはじめたことは最後までやり通せ」と教えているではないか。親父が責任者となっている植林や登山は、誰が引き継ぐのか。後継者は何も決まっていないではないか。言うこととやることがまるっきり違うではないか。直接言えば、大げんかになる。手紙に書いてバーンと親父の机に投げつけて、僕はそのまま三重県のヒノキ植林の仕事に出かけた。

その手紙を読んだ父は、辞表を出すのを半年遅らせた。その間に自分のやっている仕事の引き継ぎを一つ一つ済ませた。

中学からの父との確執は続いていた。高校時代、一所懸命ためたお金で同じ映画を三回見にいったことがある。エリア・カザン監督「エデンの東」だ。創世記におけるカインとアベルの兄弟の物語をモチーフにしたストーリーである。父に愛される兄と疎んじられる弟。僕は父を愛しながらも反目してしまうキャル役のジェームズ・ディーンと自分を重ねて見ていた。どうしても気にかかった。スタインベックの原作を買って読んでもみた。

僕はどこかですねていた。自分だけ疎外されているように感じていた。弟が愛され、自分は嫌われている。家族の関係は見る人間によってまったく違うものになる。本当はそんな事実はなかったのだろうと思う。でも、そのすねたような思いは、今でも心のどこかにうずくまっている。しかし、僕と父の間で、いちばん心を痛めていたのは、母かもしれない。母はいつも悲しそうな顔をしていた。

父が辞める直前、僕は父が夏休みの当直でいた教室に、意を決して話をしにいったことがある。学生運動のあおりを受けて騒然としている学園を、どのように見ているのか？と率直にきいた。父はそのとき何と言ったか。「自由学園は私立学校だ。決定権は理事会にある。その決定に従って運営しなければ秩序が乱れる。正しいと思ったことを主張しても、一教師ではどうしようもないことがある」。それ以上は言わなかった。

そのとき「ああ、親父は腹を決めているな」と思った。あとで知ったことだが、父と理事会は教育方針をめぐって対立があった。「本当の教育をするには、こんな都会ではだめだ。大自然の中でやるべきだ」などと主張していたらしい。いわば父の急進的な理想主義が、現実に学校を経営する理事会には受け入れられなかった。父は理事職からも外されていたのだ。

辞職の背景には、父の目が網膜色素変性症という遺伝病で、だんだん見えなくなってきたこともあったと思う。辞める直前は、黒板に字を書いていても字がほとんど見えないぐらいになっていた。「自分は目が見えないし、自分の理想とする教育がこのキャンパスではできない」。そう話していた。

おれは意地でも残る

そのとき僕は「親父が辞めるのなら、僕はやめない」と宣言した。父とはさんざんやりあっているから、父の言い分はわかる。しかし、もう一方の自由学園の考え方がわからない。

その理念は自由を求める自分とは、どこか本質的な隔たりがあることもなんとなく感じていた。学園の何が悪くてどこが問題なのかを、どこかできちんと知る必要がある。なにしろこちらは「自由学園の申し子」で、名づけ親は創設者のミスター羽仁だ。「真の自由学園の教育」とは何かを、自分なりに見極めてやろうと思った。

弟や従兄弟や同級生は次々とやめた。「おれはやめない。意地でも残る」。自分でものを見て、考えて、決断し、行動しようと思った。失敗しても達成できても、自分の力だと思える行動をしてみたかった。そのあたりは何かゆがんでいたし、突っ張ってもいた。しかし、何が正しいのか、自分で確かめなければならない最後の二年間だった。

これは精神的自立に大いに役立ったと思う。当時、羽仁夫妻の三女で学園長だった羽仁恵子先生の、シェークスピアの英詩の授業を一人で二年間取りつづけた。半分以上は、自由学園の教育についてどう考えるかを話してくれた。本音で話してくれたように思う。親父の言い分を知り、学園長の意見を聞きながら、「正しい」と思うことも別の面から見れば違った解釈があるということを知った。

僕は意地でも大学に完全出席してやろうと思っていた。一方で、父の反対を押しきって車の免許を取り、自動車販売をしていたおじの手伝いで、夜間や休みに車の販売や陸送のバイトに励んだ。といっても、土日は属するサッカー部の試合があったから、かなりシビアな日々だった。

バイトをしながら年間二十三台の車を売ってトップセールスを記録した。ある日、大学の教官から「バイトの邪魔をする気はないが、そろそろ車を売るのをやめてくれないか」と言われた。「え？　どうしてですか？」ときくと、「僕が停める駐車場のスペースがなくなるんだ」。僕はおじと組んで学生にけっこう車を売りまくっていたのだ。「わかりました。やめます」とは答えたが、実際は学外で売っていた。半分、社会に足を突っ込みながら学生をやっていた。

そうして四年間、完全出席して卒業した。

二年間のブランクを経て、父がまとめた共働学舎の構想を読んだとき、僕は教師として父が何を思っていたか、その核心に触れた思いがした。父は私立学校の教師を三十年間続ける中で、いちばん教育を必要としている子どもたちに手が届いていないという思いがあったのではないかと思う。

障害をもった子、ひきこもりや精神的な悩みを抱えた子、犯罪を起こしてしまった子。学園に入ってくることができないそういった子どもらこそ、最も教育を必要としているはずだ。そう思っていたに違いない。

父が障害者の子どもらとかかわりをもったのは、僕の同級生の弟がきっかけだった。その弟はてんかん持ちのため、自由学園の入学試験で落とされてしまった。母親は自由学園の卒業生で父の姉の同級生だった。どうしても息子を自由学園に入れたかったらしい。「こういう子どもこそ、教育を必要とするのではないか」と言われても、教師一人の思いではどうにもならない。そういう忸怩《じくじ》たる思いが父の中でずっとくすぶっていたのではないかと思う。

僕が高校一年のクリスマスのとき、父が体調を崩し、「自分の代わりに行ってほしい所がある」と突然告げられたことがある。クリスマスになると、父が学校のパン工場でケーキをつくらせて、それを持ってどこかに行っていたことは知っていた。だが、どこに行って何をしているかは知らなかった。詮索《せんさく》もしなかった。

「どこに行くんだ?」ときくと「島田療育園に持っていけ」と言う。そして、必ずこの子とこの子に会ってこいと言う。よくわからないまま、ケーキ七、八個を抱えて、電車を乗り継いで持っていった。

「親父の代わりに来ました」と言うと、大いに歓待してくれた。そして、筋ジストロフィーの男の子二人に会わせてくれた。一人はすごく大きい子で、もう一人はやせ細って詩を書く子だった。僕は父にこうした側面があったことを知って驚いた。島田療育園(現島田療育センター)は、現在の東京都多摩市に開設された日本で最初の重症心身障害児施設だった。

父は障害者教育にずっと関心があったと思う。自分の目がだんだん見えなくなることもあっただろう。ずっと優等生で生きてきた人間が視力を失っていく。それは恐怖に違いなかった。特に登山や植林など、実践教育を進めている中で目が見えなくなってくるというのは、想像を絶する事態だったのではないか。

わかりました、婚約します

父と自由学園の考え方のどちらが正しいかは、僕はわからなかった。どちらが正しいか決めつけもしなかった。ただ、「純粋培養」されてきた自分は自由学園しか知らない。だから、自由学園のまったく影響のない所、自由学園の名前も聞かない、父親の顔も名前も何も知らない所に行って、自分がこれまで身につけた力がどれだけ世間で通用するか確かめてみたかった。それで日本を飛び出すことを決めた。

怒ったのは父だった。落胆したと言ったほうがいいかもしれない。僕は住友海上火災保険に就職が内定していたのだ。その会社を立ち上げたのは僕の祖父である。社内には、祖父の世話になったという僕の同級生の父親がいて、僕の将来を気にかけてくれていた。

父はその時期、すでに長野県で共働学舎の構想を実現化するつもりでいた。だが、資金は寄付金だけでは賄えない。学校を辞めてから、父は生活費や子どもの授業料のため、自動車保険関連の仕事で食いつないでいた。かなりぎりぎりの状態だった。そこで息子を一流企業に就職させて、と計算していたらしい。

内定の話はとてもありがたいとは思った。だが、やはり何か釈然としなかった。親類や知人のコネで大会社に入ったとしても、結局は自由学園の枠の中だ。本当の自分の姿が自分でわからない。だから、それを確かめるために世界へ出てしまえ――。

そんなとき、米国での酪農実習を終えて帰ってきた知人が、「いい牧場がある。そこのボスはウィスコンシン大学を出ているから、信頼関係ができたら紹介してくれるぞ」と教えてくれた。酪農実習だけなら、さほどそそられなかっただろう。しかし、大学に入れるかもしれないという話は魅力的に聞こえた。僕は三十分で決めた。「よし、わかった。行く」。父からは四年間という期限付きで渡米の許可を取りつけた。

妻の京子と婚約式を挙げたのは渡米の前日だった。

彼女とは僕が大学四年のときに知り合った。当時、父が神奈川県の大磯で「マスコミと教育」と題する教育セミナーを開いていた。十回ほどのシリーズで、マスコミが子どもたちに与える影響について、「セサミストリート」などの教育番組のディレクターを呼んで討論していた。僕はその手伝いに行っていた。そこに、自由学園の短大に当たる生活学校を終わって幼稚園の先生をやっていた京子が来ていた。

夏休みに、北海道の積丹《しゃこたん》へ仲間が新しくつくった牧場を手伝いにいくと言ったら、京子が「ちょうど友達と二人で北海道へ旅行する計画をしていた」と言う。「じゃあ、一緒に行こう」という話になった。もう一人は僕もよく知っている女性だったが、駅に着いたとたん「私は行かないから」と言って帰ってしまった。

えっ？ やばいんじゃない？ でもまあいいや、と僕と京子の二人で行くことになった。彼女はユースホステルに泊まり、僕は牧場で働きながらときどき会った。突然帰った前の女性は、僕らをくっつけようと気を利かしてくれたのだろうか。いずれにせよ、それが僕らのつきあいの始まりだった。

当時、京子はもうすぐ二十二歳という歳だった。長女でもあり、結婚の二文字が射程に入っていたようだ。正月を過ぎて突然、彼女の親に「話がある」と呼ばれた。緊張してお宅にうかがった。「君は四年間、アメリカへ行くらしいね。それで、どうするつもりだい？」「はぁ？」「はっきりさせるか、なかったことにするか、どっちかにしてくれ」。つまり、はっきり結婚を約束するか、でなければ娘とは別れろ、そういうことだった。

えっ？と困惑した。それまで結婚なんてまったく頭になかった。うーんと考えた。けれど、ぽんっと言ってしまった。「わかりました。婚約します」。僕にはいつもバックギアがないのだ。

　卒業して二日目に教会に行った。一九七四年三月も下旬の日曜だった。それ以前に浅野順一牧師に言われていた。「君は四年間、アメリカに行くというけど、わしから洗礼を受けないのか」。浅野牧師は青山学院大学で教鞭をとられた高名な神学者で、祖父の代からわが家族がたいへんお世話になっている。その恩師である自分から洗礼を受けないのか、けしからん、というわけだ。

「洗礼ってそういうものではないと思いますが」と言い返したら、「わしは四年も待てないぞ」と言う。つまり、わしは死んでしまうぞ。当時かなりのご高齢で、まさに「殺し文句」だった。

「はい、じゃあ受けます」。そういうのでいいのかなと思ったが、午前中に洗礼を受けて、午後に浅野牧師立ち会いのもと、婚約式を挙げた。その翌日、ボストンバッグ一個を持って飛行機に飛び乗って、単身アメリカへ旅立った。

　周りからは「何を考えているんだ！」とさんざんのしられた。でも、出発当日はみんな羽田まで見送りに来てくれた。飛行機が出るとき、みんながデッキまで上がって、自由学園の校歌や男子部賛歌を歌ってくれたそうだ。あとでそう聞かされた。

自由になった！

行く先は米国中北部に位置するウィスコンシン州のモンティセロだった。ウィスコンシンといえば、乳牛の牧畜で有名で、人よりも牛が多いとさえいわれたチーズやビールの名産地だ。自然に恵まれた土地で、夏は過ごしやすいが、一方で寒暖の差が激しく、冬の夜間はマイナス三十度以下となることが普通だった。

新たな地に一歩踏み出したときの気持ちは、「自由になった！」。すっきりとした気分で素顔になれた気がした。

実習先はブラウンスイス牛のブリーダーで有名なボーゲリー牧場という所だった。ボスのハワードはスイス系、奥さんのアリスはとてもきれいな北欧系の人だった。もともとウィスコンシンはドイツ系、北欧系が多く、親日的な所だ。夫妻は二人の日本人実習生を家族のように迎えてくれた。ジェイク・ボーゲリーというすごく頑固で面白いじいさんがいて、僕を鍛えてくれたのはこのジェイクじいさんだった。

モンティセロの町では大きな牧場だったが、米国全体で見れば小さな家族農業だという。乳牛は全頭で二百頭ほど、搾乳牛は八十頭ほどで、年間平均乳量は当時一万キロ強。飼料畑は借地も合わせて四百ヘクタールあり、粗飼料も穀物も自給している。当時の北海道・十勝の平均が二十ヘクタール前後だから、その二十倍もある。

それをじいさんとボス、僕ら実習生二人、高校生の男の子でやりくりしている。あとは電話一本で液肥をまいてくれと言うと、パッと来て、パッとまいていく。それでできてしまう。つまり、米国ではすでに機械化が進み、生産システムができあがっていたわけだ。

ウィスコンシンの家族農業は、米国では小さい農家だ。だから付加価値をつけなければいけない。ボスは何に付加価値をつけたかというと、牛の遺伝子に付加価値をつけていた。乳牛の遺伝子改良を進めて、品評会ではいつもトップを争っていた。雄牛は種牛として南米に輸出もしていた。ボスは抜群の経営センスを身につけていた。

仕事はきつかった。朝五時ごろに起きて、五時半から搾乳をする。餌《えさ》をやって、放牧に出して、畑仕事をする。乾草上げでは、六十から八十キロもある大きなコンパクトベール、つまり四角く梱包された牧草の塊が、機械でばんばん千個以上降ってくる。それを積み上げる。死に物狂いでやっていた。でもいい経験になった。

おまえは強制送還だよ

渡米三か月目に、警官にピストルを突きつけられた。その顚末《てんまつ》を話そう。

僕は筆記と実技を受けて、すぐに運転免許を取った。牧場の娘に頼まれて、車で近くの街のバーに行った。酒を飲んで娘の男友達と話してこんでいるうちに絡まれるような空気になり、バーから逃げるように車を発進させた。深夜も二時を回っていた。すると、後ろからぴたっと車が付いてくる。まずい、あいつだ。僕はV8のぼろいシボレーのアクセルを思いきり踏んだ。だあっーと引き離して逃げきった。ああ、大丈夫だと思った瞬間に、パカパカパカと点滅する赤色灯。パトカーに停止を命じられた。

あとでわかったことだが、バーの真正面は警察署だった。深夜に酔っぱらった日本人が車に乗りこむのをパトロール車が見つけ、追跡したら猛スピードで逃走する。無線で隣町に連絡してパトカー出動を手配したらしい。僕はパトカーを振りきっていたのだ。

二台のパトカーで退路をふさがれた。ちょうど僕の牧場の前だった。そのまま入るとまずいと思って、入り口前の路肩に止めた。だが近づいてこない。でっかいサーチライト二つで照らし出された。僕は「猛スピードで逃走した酔っぱらい」ということになっている。ピストルを所持しているかもしれない。だからむやみに近づけない。こっちもやばいと思ってそおっと出ていったら、警官がピストルをかまえていた。ばっと来て、くいっと持ち上げられて、パトカーにぼんっ。署に連れていかれた。

「なんだジャップか」という話になって、さんざん遊ばれた。「どうせ巡回判事が来て、おまえは強制送還だよ」と脅された。午前五時を過ぎて、やっと牧場に連れ戻された。

ボスに「何があった?」ときかれた。一緒に行った娘はすでに戻っていて、あらかじめ「パパ、私が悪かったの」とボスに報告していたらしい。ボスはそういう言い訳を僕がすると思っていたようだ。ところが僕は、自分に全責任があると思ったから、「Just devil come in my heart——ちょっと魔がさしただけです。申しわけありません」と、とっさに浮かんだ英語で答えた。するとボスは「わかった。仕事をやれ」と言って、それ以上、追及しなかった。

何週間後だったか、巡回判事が来て、付きそいで来たボスに「こいつは信頼できるか?」ときいた。ボスは「信頼できる」と答えた。罰金四十ドルで済んだ。助かった。

そのあと、僕は非常にまじめに仕事をした。そのとき言い訳をしなかったのがよかったのかどうか、ボスの度量の大きさに救われた。奥さんも味方になってくれた。

それからだ、「パトカーを振りきって逃げた日本人」として、僕がその小さな街で有名になったのは。バーに行って座ると、ウイスキーがカウンターをヒューっと滑ってきたり、肩をパンとたたかれたり。なかなかの気分だった。

そのバーにいたバーテンダーがブルース・ワークマンといって、ボスの娘の同級生で牧師の息子だった。ワークマン、すなわち仕事人。実によく仕事をする。大学に行かず、チーズ工場で朝三時半ごろから昼まで仕事をする。それから牧場に手伝いに行ったり大工をやったり。消防士とかペンキ塗りとか、いろいろな仕事を懸命にやってお金を稼いでいた。夜は六時から十二時までバーテンダーで立っている。「おまえ、いつ寝るの?」ときくと「三時間しか寝ない」。

彼が仕事をしているチーズ工場に行って、アメリカ人が汗だくになってチーズをつくる工程を見せてもらったことがある。実に面白かった。

ブルースはその後、非常に優れたチーズのマネージャー（工場長）になって、今は米国在住の二十四人の「チーズマイスター」と呼ばれる名人たちのトップにいる。

世界中のチーズがその出来を競う「ワールド・チャンピオンシップ・チーズコンテスト（WCCC）」という米国のコンテストで、二回連続してグランプリを取っている。ディズニーランドでデモンストレーションをするときは必ず彼がやる。それだけチーズ業界では有名になった。

僕が一九九八年に「オールジャパンナチュラルチーズコンテスト」でグランプリを取ったあと、もう一度ウィスコンシンに行ったときに彼と再会した。「有名らしいね」と言葉を向けたら「イエース、おれはアメリカのチャンピオンだ！」。対抗して「おれだって日本のチャンピオンだ！」と言ったら、「マーケットが違うよ」と返された。そりゃそうだ。かないません。

彼とはいまだにつきあっている。ずっと雇われでやっていたが、今は小さな工房のオーナーになっている。

夢に向かってよじ登っていく

そうやって二年間、牧場でずいぶんとお世話になった。今度は大学だ。ボスの紹介でマディソン市にあるウィスコンシン大学の酪農部長に会い、そこに入ることに決めた。ウィスコンシン大はボスの母校で、かなりの人脈があった。

といっても、紹介だけでは入れない。大学当局にきくと、英語力を測るTOEFLで六百点以上が必要だという。七百満点中六百点というと、ハーバード大学と同じレベルだ。ウィスコンシン大がそんなにレベルが高いなんて知らなかった。調べてみると、確かに研究水準は高く、州立大学としては米国内でトップクラス。当時、ノーベル賞をもらった学者が三十人近くいた。特に酪農学はコーネル大かウィスコンシン大かといわれていた。

一週間勉強して受けたら、五百九十八点だった。六百点に二点足りない。事務が「残念だったね」という。ここですんなりあきらめるわけにはいかない。必死で「ボスの知人の理事に電話してくれ」と頼みこんだ。すると、その場で電話をかけてくれ、「信頼できる者だから、なんとかしてやれ」という返事だったらしい。

大学当局の出した条件は「夏休みに留学生が取る英語のクラスを取ること」。といっても、そのレベルは一般社会人として認められるものでなければいけない。国語に当たるライティングとスピーチのクラスをアメリカ人と一緒に取ることになった。

英作文を一週間に一回、タイプライターで何枚か書く。これがきつい。だが面白かった。さまざまな国の学生たちと一緒に勉強して友達がぐんと増えた。米国の英語の教え方がわかり、その後のスピーチやライティングのコースがやりやすかった。足らない二点は、やはり必要な二点だったのだ。

感動したのはアメリカの仕組みだった。二点足りなかったとあきらめたら、それで終わりだ。そこで食い下がって、なんとか可能性を探る。ボスの信用を頼りに頼みこむ。自分で活路を開いてチャンスをつかむ。まさにアメリカンドリームだった。可能性を探りながら、夢に向かってよじ登っていくスタイルは、それ以降の僕の人生でずっと続くことになる。

入学は許された。酪農学科を希望したとき、当然、自由学園最高学部の取得単位を換算してくれると思っていた。しかし、単位は当時の文部省が認定したものでなければだめだという。最高学部はそもそも「大学」として認められていないため、僕は日本では高校卒ということになるのだ。

しかし、そう簡単に引き下がることはできない。アメリカンドリームだ。「ボスの紹介で知った理事の意見を聞いてくれ」と食い下がった。理事は「二年間、酪農実習もしているから、日本での単位を認めてやれ」と話したが、大学当局としてはこの単位がどういうレベルかわからない。「だから、今から半日で一般教養の試験をする」。英語の試験用紙がぽんっと来た。ええーっ！と思ったけれど、あとには引けない。必死になって取り組んだら、合格。いったん合格したら、自由学園の単位を全部認めてくれた。

これもアメリカらしい。過去の実績に照らし合わせて、実力を見極めて認める。前例やほかの大学がどうなのかは二の次で、規則や慣例を超えて実力そのものを見る合理性。日本ではお目にかかれないものだ。

明日にも産まれそうなんだ！

一難去ってまた一難。当局から「君は畜産学を取っていないから三年分必要だ」と申し渡された。ちょっと待て。僕は親父と四年間の約束で渡米を許された身だ。「四年間自由な時間をくれ。そのあとに親父を手伝うかどうか答えるから」と言って飛び出してきたのだ。牧場で二年を過ごしたから、残りは二年しかない。

そう告げると「それは無理だ」。それでも「どうにかできないか」とねばると、「ドクター・シュックというアドバイザーをつけるから相談しなさい」。

シュック教授はコンピューターを使った遺伝学を研究していた。その後も親しくして、いまだに人脈の紹介、情報収集を気軽にしてくれる仲だ。「君、なかなか面白いね」と僕のことを認めてくれて、「二年で卒業できるようやってみよう」。これだろ、これだろと獣医学や植物生態学などポイントの高いクラスを選んで組んでくれた。当然、その分、講義のレベルは高い。英語のスピードは早い。専門用語がぽんぽん飛び交う。テキストは分厚い。しかもこちらは途中入学だ。

畜産学を専攻する中に、ボスの長女の同級生でジュディという女の子がいた。よく牧場に馬で来て、一緒に馬に乗っていた。頭のいい子で、「組んでやろう」ということになった。僕よりかなり背が高かったが、すごくきれいな子だ。その姉妹と仲良くなって、よく一緒に勉強した。教室で隣に座って、英語がわからないと尋ねる。畜産や酪農で彼女がわからないところはこっちが教えた。卒論も組んでやった。それがすごく助かった。

獣医学の講義で今でも覚えているのが、動脈の血圧を直接測る実験だ。八匹の麻酔のかかった犬の胸部から心臓を取り出して、機器と動脈をつないで測定する。女の子はもちろん、みんないやがってやらないから、僕の専売特許のようになってしまった。

あるいは、地下室に何百匹といるネズミの体重測定も一匹一匹やった。「こんなことして何になるんだろう?」とうんざりしたが、研究の全体像が見えないだけで、やはり意味はあるのだ。動物実験の何たるかがわかった。

たいへんなのは金繰りだった。土日に大学の牧場でヤギの搾乳の仕事をした。午前三時半から五十頭分の搾乳を一人でやった。正午まで仕事をして、終わったら留学生のサッカーチームの練習だ。留学生チームはアメリカの正チームより強かった。当たり前だ。こちらはサッカー本場のヨーロッパや南米から集まったメンバー、アメリカ側はアメフトやバスケットに出られない落ちこぼれの連中が来ているのだから。

入学が決まって、学生ビザに切り替えるため一度日本に帰国すると、なんと結婚式が待っていた。僕はまだそんなつもりはなかった。しかし京子が一度、米国に遊びに来ていて、僕を金髪と青い目の女性の中に置いておくとまずいとでも思ったのか、両家の親が結託して式場の予約も手順も決めていた。僕は飛んで火に入る夏の虫だった。

すでに父は長野県の小谷《おたり》村で共働学舎の計画を進めていた。そこに結婚の記念に木を植えるよう父に言われ、京子と二人で四百本か五百本のスギの苗木を植えた。植林の作業は高校時代からやって、いまだにやっている。木とは切っても切れない仲だった。

結婚は予定外だったが、米国で一緒に暮らすようになった京子が妊娠したことも予定外だった。お金はなかった。家族寮は卒業した大学院生優先で、学生にはなかなか回ってこない。最初は大学近くの街なかのアパートを借りた。しかし、管理人がどうやらクスリをやっているらしく、昼間に彼女を一人残しておくのはまずい。部屋を探して転々とした。

産まれる寸前になっても、申し込んでいた家族寮が空かない。おなかの大きい京子を連れて事務所に行った。「何か月も前から言っているのに、なぜ僕たちの番が回ってこないんだ」と泣きついた。しかし、対応した女性は「あなたは院生ではなく、学生でしょ」とつれない。僕は「このおなかを見てくれ。明日にも産まれそうなんだ！本当に困るんだよ！」と切々と訴えた。すると、女性はちょっと考え、帳面をめくって言った。「ああ、あったわ。次に部屋へ入れるわよ」

ありがたかった。これがアメリカだった。自由といえば自由。いい加減といえばいい加減。アメリカ社会で生き抜くための感触というものがある。頭を使い、なんとかして自分が必要とするものをアピールする。そして、あくまで明るくやるのだ。僕にはとても肌の合うスタイルだった。

戦争が残すのは地雷だけではない

家族寮には米国内からだけではなく、世界中からトップレベルの留学生が住んでいた。僕の部屋はなぜかそのたまり場になっていて、必ず誰かがいたものだ。メキシコ人の大富豪の息子もいた。

隣人はギリシャ人夫婦で、奥さんが医者をしていて、だんなは獣医をめざしていたが、なかなか獣医の資格が取れない。奥さんがしょっちゅうギリシャに帰ってしまって、だんなは一人でさみしい。テニスができるので「テニスやろう。おまえに教えてやる」とか言って、いつも気張らしで相手をさせられていた。

だんだんできるようになったら、あるとき、僕が勝ってしまった。それから怒ってリベンジだ。かっかして真剣勝負になってしまった。疲れるから、そこまでまじめにやりたくないなと思ったが、こっちも負けず嫌いだ。相当やった。笑ってしまうぐらいにやった。

ラオス、インド、キューバ。それぞれが母国の事情を抱え、自分に帯びた使命があるらしかった。北朝鮮から来ていたかなり年配の男性は無口だった。中国との関係が悪化したときに母国からの要請で帰っていった。悲しそうな顔で「さよなら」と言って去った。同じ講義を取っていたコンゴの友人は、帰国後は大臣になると話していたが、コンゴはその後、戦争や内紛が激化し、不安定な政情が続いた。彼はどうなっただろうか。

ベトナム戦争後、米国に亡命した南ベトナムの将校とは、英語の講義を一緒に受けていたことがある。北ベトナムのスパイに追われているという。終戦後も北側は南側の幹部軍人を暗殺するべく、探しまわっているというのだ。学生たち仲間で守ろうということになり、ベトナム政府と交流があったフランス政府に掛け合おうとしていた。するとあるときピタッと講義に来なくなった。わけをきくと「いや、やばいんだ」。その後、音信不通となって、探しても行方はわからなかった。僕は戦場に行ったことはないが、戦争の恐怖を肌で感じた。

銃の怖さもそうだ。牧場に護身用の拳銃やライフルがあった。ある日、牛の餌を食べるリスを撃つ練習をした。当たると面白くなった。仕事だからと思ってやっていたが、そのうち銃で遊びたくなった。怖くなって、あるときやめた。戦争が残すのは、地雷や不発弾だけではない。人間の心に暗い影を残すのだ。

二年間でB.S.（農学士）を取得し卒業したが、あのときほど勉強したことはあとにも先にもない。成績は四点満点で、三・二八。三・二五以上は「ディーンズ・オナー」といって理事の表彰対象で、卒業式で赤いたすきをかけてよいことになっている。僕はそのリストに上がっていた。たいへん名誉なことらしいが、それを知ったのは、卒業式のあとだった。

卒業式前に、僕はサッカーの練習で左足の骨を二か所折り、靭帯《じんたい》を切ってギプスをはめていた。そのうえ、三日ばしかにかかって三十九・五度の高熱にうなされ寝込んでいた。しかし、米国生活四年間の総決算たる卒業式に出ないわけにはいかない。前日にギプスを外し、高熱のまま黒いガウンだけを買って、数万人は入るスタジアムで盛大に行われる卒業式に出た。真夏のかんかん照りの中、黒ガウンを着てふらふらになっていた。

式が終わって楽隊の音楽がバーンと入った瞬間、みんな四角い学帽をぴゅーと飛ばす。ガウンを脱ぎ捨てる。猛暑だから、女の子の場合、ガウンの下はみんなビキニだ。湖に飛び込むやつもいれば、テラスでビールをあおる連中もいる。お祭り騒ぎの中、こっちはダウン寸前だった。すごすごと帰った。

「赤いたすきをなぜしなかったの？」。女友達のジュディからその意味を聞かされたときは、さすがに悔しかった。まぁいいか。式には出られたのだ。一九七八年六月のことだった。

四年を過ごした米国に別れを告げるときがきた。マディソン市からぼろぼろのボルボで京子と一歳半の長女を連れて家族三人でドライブし、五日目にサンフランシスコへたどり着いた。車を売ってお土産を買おうとしたけれど、どのディーラーもこんなボロ車は買えないという。泣きついた結果、八軒目にしてやっと五十ドルで売れた。

四年間、さまざまな経験をした。勉強もした。友達もできた。一言でいえば、すごく面白かった。

米国のまねは絶対しない

日本に帰ってどうするか。あてはあった。

大学を卒業する半年ほど前に、父親からきれいな草地が写った一枚の写真が送られてきた。なだらかな放牧地があり、その向こうに広大な平野が広がる。右手には青々とした山脈が連なってとても美しい。北海道の中央に位置する新得町の牧草地だった。

こんなに素晴らしい土地を三十ヘクタール、共働学舎の名前で牧場づくりをすれば町が無償で使わせてくれるという。これはいい。渡りに船だと思った。

というのも、僕は米国の農業・畜産のレベルと位置づけを目の当たりにして、米国の物まねではない畜産をやらなければ日本の畜産はだめになる、と思っていたからだ。

ボーゲリー牧場の飼料畑四百ヘクタールは、米国全体から見れば小さい農場だとボスには何度も聞かされていた。一方、北海道は当時で平均二十ヘクタール。二十頭、三十頭というレベルだった。それで機械化を進めてアメリカに追いつけ追い越せと声高に叫んでいる。大きさのけたが違う。競争にすらならないと思っていた。

同時に大学で受けた農業経済の講義が、苦々しい記憶として焼きついていた。教授は「君たちの肩には、アメリカの威信がかかっている。君たちの生産する農畜産物は国際政治上のarmsだ」と話した。arms…腕という意味ではない。アーミー(army)のアーム(arm)、つまり「軍事物資」という意味だ。

重ねてこう言い放った。「東のオイルの海に浮かんだ小さな船を見てみろ。よく動く。だが、小さな船は勝手に動いてくれては困る。その行き先をリードするのはfeedだ」。これにはさすがにカチンときた。小さな船とは、もちろん日本のことだ。

食糧はfoodだ。feedとは家畜の餌のことだろう。

要するに米国では、農業・畜産を国際政治上の戦略として位置づけているのだ。大量生産をして安価で安定した生産を続けることで、世界の食糧市場を牛耳る。そうすることで、米国は世界の覇者たる位置を守ることができるという論理だ。

物騒な言い方をすれば、原爆を二つ落とすよりも、その国の食糧を押さえたほうが効果的だと言っているようなものだ。つまりは、少しかたちを変えた植民地主義である。あからさまな植民地主義ではないが、食糧を押さえてしまえば言うことをきくという発想は限りなくそれに近い。

特に日本は、共産圏に対する最前線として、きちんと自分たちが首根っこを押さえておく必要がある。そのために人間の暮らしの基盤となる食糧からコントロールしていこうというのだ。そういった戦略を、これから現場や行政で自国の農業を担おうとしている若い学生に明確に教えこもうとしていた。

実際、米国は日本にコメをはじめとする食糧市場をオープンにするよう迫ってきた。同時に戦後の学校給食に象徴されるように、パンや牛乳、ハンバーグといった欧米型食文化への転換をはかってきた。その結果、日本人の米の生産・消費量は激減し、今や日本の食料自給率は四十パーセントを割って、先進国では最低ランクだ。

いちばんの要因は穀物の輸入であり、輸入穀物の三分の二は、家畜飼料用の穀物(feed)である。飼料用穀物を牛や豚や鶏に食べさせ、それを人間が肉として食べる場合は、人間が直接食料として穀物を食べる量の数倍を消費する。動物性加工食品中心の食文化に侵食された日本は、大量の輸入穀物に依存せざるをえない〝体質〟に変わってしまった。そういった事態は、実は数十年前から仕組まれた米国のシナリオにのっていたということになる。

僕は教授の講義を聴いていて「ちょっと待てよ」と考えた。僕はなぜここで勉強しているのかといえば、それは日本で畜産を経営したいからだ。日本は農畜産物を世界の「軍事物資」としてつくっているわけではない。日本の生産物は日本の市場に出て、少なくとも世界にはほとんど出ていかないのだ。

一方で、日本の食糧市場は、おいしいものを識別する能力が非常に高く、世界で最もハイレベルといわれている。日本の食文化も非常に評価が高い。そういった良質のマーケットのおひざ元で生産するのに、世界の食糧市場を制覇しようと量で攻める米国の手法をまねして何になるのか。米国はいい反面教師だった。

ただ、生き物を「経済のための動物」とみなして、経済効率だけで見ていくことによる弊害は、当時の米国でもすでに出ていた。たとえば、子牛の死亡率を低下させるため、空調による人工的環境で病死を防ごうという牛舎ができていたが、死亡率は落ちるどころか余計に増えてしまう。その反省から、子牛を一頭ずつ収容するカウハッチという小屋を極寒の屋外に置く実験が始まったところだった。

僕の大学の卒論はそのカウハッチだった。冬の間、カロリー調節したミルクと母乳で子牛を何十頭も育てる比較実験をした。毎週、子牛の体重測定をして調べた結果、母乳はどんなに寒くても大丈夫。カロリーを増やしても結果は母乳と同じで、カロリー減のミルクは体重が減る。母乳が最も優れていることがわかった。

つまり、米国でさえ機械化だけではうまくいかず、自然に沿う生産工程に転換する兆しがすでに芽生えていたわけだ。だから、農業・酪農の機械化にも、僕は当初から疑問を抱いていた。

実は卒業前には穀物メジャー、穀物協会から就職の勧誘があった。しかし、僕は日本で世界に通用する酪農がしたかった。それを共働学舎の名前を掲げていれば、北海道の新得町でできるかもしれないという。僕は日本で入植するほうを選んだ。

米国から日本に戻る飛行機の中で、「米国のまねは絶対しない」と僕は腹に決めていた。

第2章　仲間とともに

多くはさびしがっている。理解をしてくれる仲間、自分の存在そのものをそのまま条件なしに受け入れてくれる存在があって、人は初めて安心する。そして、「そういう存在になることができるか」ときかれれば、「それは誰でもできる」と答えるだろう。「お母さんに抱かれたい」というダテオの願いはただ、「お母さん」という代名詞を使っているにすぎないのだ。

こんなに急なのか！

米国から家族三人で日本に帰ってきた。文字通り、一文無しだった。蓄えもなければ、家も職もなかった。羽田に迎えに来てくれた親父に「新得へ行くよ」と伝えた。

父の「共働学舎の構想」は、米国へ発つ前に読んでいたから知っていた。競争原理や経済優先主義の世の中からはじき出された心身に障害や悩みをもつ人々とともに、自然の中で農業・工芸などの仕事をしながら「自労自活」の生活をする。一九七四年春に長野県小谷《おたり》村で正式発足してから四年がたっていた。人数も増え、拠点も長野小谷村の立屋と真木、北海道小平町の寧楽《ねいらく》と計三か所になって発展していた。

しかし、それも人から聞く話で、実際にどのような生活なのか、京子に尋ねるしかなかった。彼女は設立当初の一年、定期的に長野県へ通い、二年目は通して一緒に暮らしていた。さまざまな人が集まり、電気も水道もない山小屋で共同生活をしていたという。山小屋とは、僕が中学一年のとき、親父の設計で自由学園の先輩たちとともに建てた二階建ての小屋のことだ。翌年には、弟と従兄弟の三人で壁や床を張って仕上げをした。面倒なところは手抜きをしたら、冬になってそこから雪が舞い落ちてきた。そんな小屋で十人ほどが生活していたという。

ちょうど学生運動が終息した時期で、就職の道を避けた人たちが共同生活の場として五人ほど来ていたらしい。そのほかは不登校とか精神障害とか、負担を抱えながら生きていかなければならない人たちだったという。

共働学舎の理念に共感はしていた。しかし、僕は親父の理想を別な上り口から登ろうと思っていた。共働学舎の名前は掲げながら、別の牧場をつくる。新得行きはそこにぴったりとはまった。京子も同意してくれた。とりあえず家族の生活は最低限保障されそうだ。これで四年前、周囲の意に反して就職を蹴《け》り、日本を飛び出して以来、常に胸の奥にあった後ろめたいような気持ちにけりをつけることができた。

中古のハイエースに荷物を積み、新得へ向けて陸路を走った。かつて車の陸送のバイトをしていたときに走っていた国道4号線だ。新得では、同じ米国のボーゲリー牧場で実習してきた後輩の西川浩司が一足早く入り、準備をしているはずだ。冒険にしては少しもの足りないが、まったく新しい牧場づくりに、楽しい構想が頭の中を駆けめぐっていた。

父がこの新得の町営牧場を選んだのには理由があった。

共働学舎が北海道で土地を探しているということを耳にした学舎や自由学園の支援者らが人脈を生かして探した結果、いくつかの地区から申し出があったらしい。その中で新得町は土地の条件としては最も悪いものだった。

父によると、新得町は、町長が福祉課の課長をはじめ職員を長野の共働学舎に派遣して、そこで三日間ほど山中の野良仕事や手仕事を体験させていた。共働学舎がどんなところかを職員に実地研修させていた。その町長の覚悟が父の心を動かした。

新得町は北海道のど真ん中にある。西は北海道の背骨に当たる日高山脈、北は雄々しい東大雪《だいせつ》の山々に抱かれ、東南部は十勝平野が広がっている。畑作と畜産の町だ。

牧場を見にいった。街からすぐで、通称「牛乳山」と呼ばれている。いい名前だ。なんでも新得でいちばん初めに牛乳を搾ったところで、みんな一升瓶を持ってこの山の麓《ふもと》へ牛乳を買いに来ていたという。

標高が二百四十メートルある牛乳山の中腹から裾野《すその》は町営の放牧場になっていた

が、ダニ熱（ピロプラズマ）という貧血になる病気が若牛に蔓延《まんえん》した。そのため、奥のサホロ地区へ移し、その後しばらく使われていない土地のようだった。

写真で見た草地へ上がってみた。あれ？　こんなに急なのか！　歩いているうちに息が切れた。写真の印象とは全然違った。傾斜を上から写真に撮ると、なだらかに見えてしまう。ウィスコンシンの牧場も丘陵地帯にあり、けっこう急な斜面でトラクターを走らせていたが、これほどではなかった。でも、景色はいいし、南斜面で気分のいい場所だ。

お酒と塩をまいて「これからよろしく」と土地にあいさつした。この驚くほど急な斜面の放牧地が、のちのち新得共働学舎のチーズに世界へ羽ばたくチャンスを与えてくれるとは、このときには思いもよらなかった。

いかに生きのびればいいか

共働学舎新得農場を始めたのは一九七八年六月の終わり、僕が二十六歳のときだった。事業を始めるなどという意識はなく、いかに生きのびればいいかばかりを考える毎日だった。

とりあえず、用意してくれていた町営住宅に入った。家賃は月三千円。給料は夫婦二人で八万円、子ども手当が年間十万円。そのほかに牧場づくりに必要な資金は、すべて父の共働学舎に集まった寄付の中から送ってもらった。だが、寄付で食っていくのは性に合わない。だから、早く自力で生活できるよう必死だった。

夏の間は、できるだけ早く牛を買いたいと思い、使えそうな放牧地に牧柵としてバラ線を張った。新しい牧場づくりといっても先立つものがない。かつて町営の放牧地だったころの鉄柵とバラ線がいたるところに残っていた。それを丁寧に集め、メインフィールドとハイランドと命名した草地に張りめぐらした。道具は最低限のものは買ったが、多くは自由学園の先輩から譲ってもらった。

冬の餌《えさ》を確保するために牧草刈りをしなければならない。トラクターだけは贅沢《ぜいたく》を言って緑色の頑丈な新品にした。しかし、トラクターだけでは仕事にならない。壊れた軽トラックを買ってきて改造し、小さなトレーラーをつくった。ほかの作業機は新得町の育成牧場や隣の牧場から借りた。

ただ、傾斜は急だし、草が乾燥した適時には作業がかち合って作業機を借りることはできない。昔ながらに長い棒を立てたところに草を積み重ねて自然に乾かし、機械が空いたころ梱包をさせてもらった。

水を引く必要がある。小さな沢の上流のほうに砂やコンクリートを担いで上げ、穴を掘って六立方メートルのコンクリート槽をつくった。これはいまだに使っている。凍結防止のため、パイプを八百メートルも埋めなければならない。すべて手作業だ。一メートルの深さに埋めたほうがいいらしいが、上のほうは岩盤で、そんなに深くは掘れない。

苦労してなんとか水が放牧地と建築現場に出るようになった。それでも下のほうは地表をはわせていた。流しっぱなしにしていれば凍らないだろう。見かねた地元の土建屋さんがユンボ(パワーショベル)で溝を掘ってくれて、あっという間に作業は終わった。

肝心なのは家だ。牧場づくりのため、材木を買う資金を稼ぎに働きには行けなかった。ちょうど、新得町の奥、トムラウシにある大雪ダムができあがり、工事現場の事務所や住宅のプレハブが空くという。ぼろぼろのトラックで通い、解体して運んできた。他の学舎の人たちもたくさん助けに来てくれた。三年間は建築をしながら、周りの農業、畜産の状況を見てまわり、気候条件や経済の仕組みを学んだ。

地元の農協の世話で若牛を五頭買った。別海町の牧場主から同じく一頭いただき、六頭になった。買ったのはホルスタインだから、今までウィスコンシンで扱っていたブラウンスイスと多少違う。でも牛は牛だ。経験者の西川がいるから、そっちのほうはまだ気が楽だった。

食うために野菜をつくって売った。搾乳も始めたが、牛乳の貯蔵・冷却タンクの「バルククーラー」がなく、牛乳の出荷ができない。素人なりにバターやチーズをつくりはじめた。

マイナス三十二度まで

メンバーには、長野の共働学舎からやってきていた二人がいた。建築が好きだというヒロヤ十五歳と、ダテオ十九歳。それぞれ学校へ行かずひきこもったり、少年院へ入る手前だったりと、いろいろ過去にはあったようだ。そんなことはどうでもいい。山ほどある仕事を手伝ってくれれば助かる。そして僕の家族三人を入れて計六人。いや、京子のおなかの中には次の子が世に出るのを待っていた。

クリスマスイブの前日に、新しいプレハブの家に引っ越した。内装などまったくなかったが、とりあえず生活できるように電気も引いてもらった。水道は自分たちが引いた沢水だ。砂で濾《こ》しているからきれいに見えた。キタキツネなどの糞《ふん》に混じる寄生虫エキノコックスの心配はないはずだ。しかし、いつ凍って出なくなるかわからない。

木々の間で深く埋められなかった水道の黒パイプがよく凍った。初めは家でお湯を沸かし、山まで運んで溶かそうとした。すぐにあきらめた。登っている間に冷えてしまうのだ。

結局、いちばんはお陽さまに頼ること。凍った三十メートルの黒パイプを引き出し、雪の上にはわせる。太陽の光に当てて一時間もしたら出かけていき、思いっきり振る。すると、中に詰まっていた氷が機関銃の弾のように飛び出していく。

これがいちばん楽で、唯一可能な解決法だった。こんなことを何回やっただろうか。すっかり太陽エネルギーの信奉者になってしまった。今、頭の中を駆けめぐっている天体と電磁波をめぐるエネルギー理論は、こんなときに種を植えつけられたのかもしれない。

家をつくるのに一生懸命で、まきを用意する時間がなかった。ブリキでできた「ルンペンストーブ」を手に入れたが、まきは雪の中から木の牧柵を引っこ抜いてきて乾かした。どんなに寒くなるか想像できなかった。ガラス窓は一重で、建てているときに割れた窓にはビニールを張ったままだ。室内で乾かしたおしめが翌朝にはよく凍っていた。最低温度マイナス三十二度まで経験したが、それでもなんとか生き残っている。よく「どれくらいたいへんでしたか?」ときかれる。僕は昔のテレビドラマ「北の国から」で田中邦衛が演じた黒板五郎よりちょっときつかったと言っている。

五郎さんは新得町の近くの富良野《ふらの》で、一人で家を建てたりしてサバイバル生活を送った。彼は働いてお酒と材木を買うお金を稼ぐことができた。僕は牧場をつくらなければならないので外で金を稼げない。東京からの仕送りの範囲内で生きのびなければならなかった。

五、六年の辛抱だと思って建てたプレハブの住宅に、結局二十一年間、住むことになった。割れたガラス窓は二十一年間、直せなかった。

あいつらなかなかやるぞ

よそ者の入植のご多分にもれず、僕らは当初、周りから白い目で見られた。「だんなのほうはアメリカ帰りで大学を二つ出たらしい。そのうち絶対逃げてくさ」と陰口をたたかれた。周りから受け入れてもらうのに三年ばかりかかった。

きっかけは火事だった。作業をしていると、近くの牧場から煙が上っているのが見えた。たいへんだ！　仕事をほっぽり出して現場に駆けつけると、牧草が燃え上がっている。トラックをどけて、牛を追って、初期消火に努めた。「あいつら誰だ？」。そこでまず、隣のおやじさんに見直されたようだ。

あとで知ったことだが、そのおやじさんは、それから一年間、山に上がって僕の仕事のやり方をじっと見ていたそうだ。「どうせインテリが自分は働かないで、若いやつをこき使っているんだろう」。そう思って見ていたら、先頭に立ってしゃかりきになって働いている。それはそうだ。周りは僕が何を言おうが、言うとおりにはいかない連中だ。僕がやるしかないというのが現実だった。そこを「あいつはなかなかやるぞ」と受け取ってくれたようだ。

二年半たったころ、そのおやじさんが「おまえ、平らな土地がいるんだろう。親戚の土地があるから使わしてやる」と言って、五ヘクタールと自分の畑を貸してくれた。ありがたかった。それで本格的酪農をめざせる気がした。新得町とも三年間の試用期間を終えて、正式に土地の契約を結んだ。農協組合員にもなり、農事組合法人格を取得した。

反対側のお隣さんも「若いやつがいっぱいいるんだろう。手伝えよ」と声をかけてくれて、一緒に共同作業を始めた。いちばんきつい仕事を全部請け負った。地区の公民会館には年に一度、必ず掃除に出かけた。

だからこそ、入植三年目の一九八一年、牛乳十四トンの出荷枠をもらって、正式に牛乳出荷を始めることができたのだ。折から牛乳の消費量が伸び悩み、生産調整のため酪農家が牛乳を廃棄している現実があった。

「なぜ新参者に自分たちの出荷枠を分けてやらなくてはいけないんだ」。地元の酪農振興会臨時総会で異論が噴き出たときに、「なに、ケチなことを言ってる。若いやつらが酪農をやりたいと言っているんだ。たいして影響ないだろう」。そう援護してくれたのが、二人のお隣さんだった。結局、その年度の最後には、四十二トンの生乳を出荷できることになった。ありがたかった。

ところが、あらためて十勝の酪農を見渡したとき、愕然《がくぜん》とした。米国と同じ色の牛、同じ色のトラクター、マンサード屋根の牛舎、同じ形態の飼養管理。米国の十年遅れの技術を一生懸命コピーしている。一方で、十分の一以下の粗飼料圃場《ほじょう》面積、生産コスト・生活コストの高さ。そこへ、米国による食糧自由化の圧力。これでは競争できるわけがない。では、どうしたら自立できる酪農をつくれるのか。家や牛舎、水道の工事をしながら考えていた。

牛乳を出荷しても、それだけでは生活できないことは、入植して二、三年で判明した。苦しいのはほかの酪農家も同じだが、どうすればいいか。米国のように大型化はできないし、やるつもりもない。

学舎で見ようみまねでつくったバターやチーズは、四年目あたりから帯広のレストランが使ってくれるようになった。懸命に生産を増やそうとしたが、牛の数より人間の数が増えるほうが早かった。悩みをもって入ってくる人がどんどん増えてきたのだ。そこで付加価値をつけたものを売っていこうと考えた。当時、酪農家がやっていたのが低温殺菌牛乳の瓶詰、アイスクリーム、ヨーグルトなどの商品だ。少ない投資でお金の返りは早い。リスクが少ないので、みんな投資した。

だが、その手の商品は必ず流行がある。だいたい三年サイクルだろう。学舎のメンバーは超スローペースだ。人が一年で習得できることが五年や十年はかかる。五年間頑張って一人前になったと思ったら「もう、そんなもの流行おくれだよ」。そう言われた本人は、その後の人生で二度と頑張ろうとは思わないだろう。

だから、彼らと一緒にやるには、サイクルが早いものには手を出せない。では、いちばん時間がかかって、みんなが手を出さず、流行にかかわりないものは何か。大きなハード系のナチュラルチーズだ。ハード系のチーズは、一年間みがきながら寝かせておく必要がある。それで失敗したら大損だ。すごくリスクが高いから、ほかの酪農家は手を出さなかった。僕らは将来性をにらみながら、じっくり時間をかけてナチュラルチーズづくりを始めた。

本物の味に出会った

二年目に、地元の新得中学校を卒業した二人がやってきた。エイジと自閉症児のトモヒロだった。

エイジは脳内に毛細血管がボール状に固まっている脳動静脈奇形のため、脳内出血しやすく、脳圧が上がると危険だといわれていた。中学のときに脳内出血を起こし、脳圧を下げるためにシャント（脳内にたまる脳脊髄液を腹腔へ流すシリコン製の管）を皮下に埋め込む手術をした。次に発作が起これば危ない。だが、本人は働きたいと言う。

それで学舎に来た。右手、右足が不自由だが、いつも明るく笑っていた。

半年たったころだろうか。天気のいい日で、二番草の乾草上げのため牧草を梱包していたときだ。エイジは、いつもは力がなくて持ち上げられないくせに、一緒に働きたいからと言って、四角く梱包した牧草をコトンコトンと坂を転がして運んでいた。だが気がつくと、トラックの助手席にグタッとして寝ている。おかしいと思った瞬間、即座にトラクターを止め、そのままトラックで診療所へ運んだ。

その間は十分もないが、もう意識が朦朧《もうろう》としている。診療所では対処できないと言うので、そのまま救急車で帯広の担当医のいる病院へ走った。病院にはちょうど担当医がいて、緊急手術をして一命は取り留めた。が、意識が戻らない。二十四時間体制で二日、三日とたつうちに家族も疲れてきた。学舎の若い男女のメンバー二人に病院詰めを頼むと快く引き受けてくれた。一か月後にようやく意識が戻った。

もう家族だけで大丈夫だという段階で、ご苦労さん会をしようということになった。二人に「何がいいか」と尋ねると「うまいものが食いたい」と言う。当時お世話になっていたある病院の事務局長に、いちばんうまいレストランを尋ねると、即座に帯広の「ワインケラー」と答えてくれた。初めての高級レストランにうす汚い格好の三人が入っていった。メニューを見ると、「チーズの盛り合わせ」とあるではないか。

二人のうち男のほうは美食家で、出荷できずに置いてあった牛乳で夜な夜なチーズをつくっていた。とにかく固めて、温かい風呂場で熟成を待ったが、何度も失敗していた。僕らはチーズの盛り合わせを注文した。そのときに出てきたひげのマスターが、後々、チーズの味に関するご意見番としてお世話になる宇佐美明男さんだった。

「君たちはなんだ、こんな格好で来て。チーズをわかっているのか？」

「いやぁ、自分でチーズをつくってみてはいるんですが、一度本物のチーズを食べてみたかったんです」

「そうか。じゃあ今度、できたものを持っておいで」

そのときどんなチーズを食べたのかは忘れたが、うまかったことだけは覚えている。自分たちがつくっている、せっけんのようなゴーダチーズとはまるで違うものだった。そうだ、本物のチーズに出会えたのはエイジのおかげだった。エイジが僕らを本物の味に導いてくれたのだ。

エイジは半年後にはまた元気に牧場へ戻ってきた。しいたけを栽培したいと言ってほだ木をそろえ、一本一本、川のふちへ運んでいた。しいたけができているのを見つけると、喜んで採ってきてみんなで食べていた。

それから三か月もたったころ、七月の大雨の日だ。もうみんな寝る時間になっていた。同室のメンバーが飛んできて、エイジがおかしいと言う。また発作だ。大雨の中、救急車を呼んで直接、帯広の病院へ運んだが、担当の医師が学会でいないという。三日待った。その後の診断で、もう無理だと宣告され、間もなく永眠した。十七歳だった。

エイジはあんなに生きていたかったのに、どうして死んでしまうのだ。自分の無力さに落ちこんだ。僕の従兄弟が来てくれたので、三日間、一人になって休んだ。どこへ行こう。厚岸《あっけし》から霧達布《きりたっぷ》へ、海の見える崖《がけ》の上にいた。とにかく三日間、海の波を見ていた。宿へ帰ると、おかみがなんとなく安心したような顔をしていた。

人の生き死にが頭から離れない。しかし、自然の波は、そんなことにはまったく関係なく繰り返し打ち寄せつづけている。打ち寄せるのにもリズムがあることに気がついた。

波の種類を数えだした。打ち寄せる波の上に小波が乗っている。お互いに干渉することはない。その上にさざ波が乗っている。これも小波とは関係なく流れている。逆に大きく打ち寄せる波も、より大きな波長の波に乗っており、その大波もさらに大きな波長のうねりの上に乗っている。この理屈でいけば、もっと大きなところで満ち潮と引き潮、大潮、小潮のリズムがある。こんなふうに考えれば、海の波は八オクターブだ。

なぜ、こんなふうに考えてしまうのだろう。自然のリズムに完全に呑みこまれてしまっていた。まるで波間に浮かぶ木の葉のように浮かんだり沈んだり。人間の意志なんて、自然の命に対してたいしたことはできないのだと思えた。自分のできることをやればいい。やっと牧場へ帰る元気が出てきた。

四十七歳で天寿をまっとうした

エイジより一か月遅れで入舎した当時二十四歳のハーリーも、やはり脳にできた腫瘍《しゅよう》の手術をしていた。母親は一年のうちに交通事故で夫と次男の二人を亡くし、打ちひしがれた中で、借金を負った会社を閉じるなど苦労した人だった。

ハーリーは大学二年のときに脳手術をして意識不明の状態がずっと続いた。やっと意識が戻ってからは障害が残った。リハビリをして新聞配達などをしていたが、続けることが難しくて学舎に来た。

明るく屈託がなく、一緒にいてすごく楽しいやつだった。都合が悪くなると目をつむって「僕は視神経切ってますから」。確かに視神経を切って腫瘍を取り出したからしょうがない。「都合がいいな、このやろう！」とこちらも笑うしかない。でも、自分は生きていたいという意志がはっきりしていた。彼にとって、一度はなくした命だった。

興味のあることには、とことん突っこんでいった。女の子が来れば「あなたは結婚していますか？ ボーイフレンドはいますか？」ときいてくれる。みんな耳をそばだてていた。ありがたい存在だった。脳の活性を促すと言ってパンをこね、「ハーリーパン」をいつも焼いてくれていた。ときどき〝種入れぬパン〟をつくったり、なかなかバリエーションに富んでいた。今の学舎パンはその流れを汲《く》んでいる。

ハーリーは出かけることが好きだった。動物好きだったから、ある日、中標津《なかしべつ》にあるムツゴロウ動物王国へ一人で行くと言う。心配だったが、お母さんも「行かせてやってください」と言う。自分で調べて出かけていき、翌日帰ってきた。きくと、王国の前までは行けたが、夕方で閉まって入れてもらえなかったらしい。帰りのバスもなかった。「どこに泊まったの?」ときくと「バス停で寝た」。「翌朝、動物王国に入らなかったのか?」「それは別にいいんだ」。ムツゴロウに会って話をするとか、そういうのはいいんだ、と。彼にとっては、自分の行きたい所へ一人で行って帰ってくることに意味があったのだと思う。

知人の養護学校の先生に付きそわれて、ヨーロッパへ団体で行ったこともあった。母親と学舎メンバーの男女二人と韓国へ行って、自然農のコツを覚えて帰ってきたこともあった。よく動いた。やりたいことをやっていた。

お母さんは、やがて息子のために学舎の敷地内に広い家を建てた。地下が野菜の貯蔵庫になるようにしてくれた。メンバーの若夫婦が同居して彼の世話をした。一緒に韓国へ行った二人だった。

十数年もたったころだ。ある朝、おはようと言ったら返ってきた言葉がおかしい。「はうよお…」。どうした?ときいてもはっきりしない。即座に札幌のお母さんに電話を入れた。「シャントが詰まって脳圧が上がっているかもしれません。シャントのどこかにバルブがついているからそれを押してください」と言う。頭をまさぐり、出っ張っていそうなところを、ところかまわず押しまくった。なんとなくどこかで当たっていたのだろう。様子が落ち着いてきた。

車で札幌の病院まで連れていった。手術後、長く意識が戻らなかったが、「大丈夫、手を握っていると動くから、必ず戻ってきますよ」とお母さんを励ました。それから彼は札幌の自宅で養生生活が続いた。だんだん弱って、立って歩けなくなっていった。記憶も薄らいでいった。僕が泊まりにいくと、ときどき「あー、望さん」と思い出してくれた。彼はついに新得に帰ってくることはなかった。亡くなったのは二〇〇一年。四十七歳だった。二十年ほど新得のメンバーだった。

肩を落としたお母さんに、担当の医師が「彼は天寿をまっとうしたんですよ」と話したという。「手術をした脳は老化が三倍早いといわれます。二十四年前に手術をしたから三倍すると七十二歳。そのとき二十歳ですから足して九十二歳。大往生ですよ」。その言葉は医師の本当の優しさだと思った。

お母さんにはもう一人息子がいて、結婚して子どももいる。彼女は年に一度は学舎に来てハーリーの家に泊まる。僕らは彼女からいろいろなことを教わった。今も大切な相談相手だ。

なんでおまえは生きている？

ともに新得町に入植したダテオとは、なんとなく気が合った。本名は違うが、僕はダテオと呼んでいた。水道の工事をしていても、建築の基礎工事で穴を掘っていても、なんとなく隣へ来て穴を掘りだす。こっちも負けず嫌いだからスピードが上がる。向こうも必死の形相でやっている。おかげで仕事は早く終わった。

彼は生まれたときに、二十歳の母親を亡くしていた。一歳半のときに父親はどこへ行ったかわからなくなった。それ以後は施設で育てられ、養父母にもらわれていった。中学に上がる年から大人の社会が信じられなくなって街に出た。あとはお決まりのコースだ。婦女暴行、強盗、窃盗…罪状は七つ。それでも彼自身の生い立ちを考慮して、少年院に入れられる寸前に長野の共働学舎へ入り、それから新得に来た。

酒が入ると決まって荒れた。かわいらしい顔が一変した。小さいときから心にたまっていたさまざまな思いが吹き出てきて暴れまわる。気に食わないことがあると、ちゃぶ台をひっくり返して、夕食が宙を舞う。包丁が飛び、壁に突き刺さった。口論になったら、包丁を持って狭い部屋の中を追いかけまわした。責任者として自分は逃げられない。包丁を突きつけられても、動じることができない。何回こんなことがあっただろうか。それでも僕は彼を信じていた。

よく深夜の二時ごろ、酒を飲んだ彼がやってきて戸をたたいた。食堂へ出ていき、一緒に焼酎を飲みながら話をした。コンプレックスの塊で、酒なしでは本音を言えなかった。言葉つきも変わった。テーブルには包丁が刺さっていて、聖書が開いてあった。「この本には、おれがなんで生きていなければならないか、書いてあるはずだろう？　ここがわからないから教えろ」と言う。

僕は小さいころから教会学校へ行っていたし、洗礼を受けている。答えなければならない。でも牧師の言葉を借りて話せば、包丁が飛んできた。「そんな人から借りてきたようなことは聞きたくない。おまえの本音が聞きたい！」。そこでは年齢も学歴も立場も関係ない。彼がなぜ生きていなければならないか、答えなければならないのだ。しばらくすると、彼から聞いてきた。

「なんでおまえは生きている？」

「………」

「生きていたいんだろう？　みんな包丁から逃げるじゃないか」

「おれはこの牧場の責任者だし、家族もいる。だから生きていく責任がある」

「そんなもの、おれには関係ない」

「そりゃあ、そうだ。おれは大学を二つ出たし、宮嶋真一郎の長男だから…」

「それが何？」

「社会のために必要なはずだから…」

「何言っているんだ。おれは社会とやらから、さんざんいじめられてきた。どうしておれが社会のために働かなきゃならないんだよ」

「平和のために」

「くそ食らえ！　銃をくれよ。どこへでも行ってやるよ。自分と仲間を守り、銃を撃つ理由をはっきりさせる大義名分を国がくれるじゃないか。ふっ…どれも仮面じゃないか。責任者、家長、長男、主人、父親、大学出、正義漢、善人、信仰深い人。おれにはないんだぜ。こっちは素顔でいるのに、みんなずるいよ。仮面かぶりやがって。一度、かぶったぜ。暴走族というのをよ。よかったぜ、仲間がいたからな。だけど、あんたらが引っぺがしてくれたじゃないか」

「わかった。おれも外してやるよ」

「で、なんで生きているんだ?」

「…わからない。だけど、見つけりゃいいじゃないか。自分でつくっていけばいいじゃないか。好きなことやればいいじゃないか」

「おれがいちばんしたいことは、母親の胸に抱かれることだ。みんな好きなことやっているじゃないか。どうしておれは母親のところへ行っちゃいけないんだ」

「いや、待てよ。母さんは天国じゃないか」

「おれが生きて生まれたのに、一度も抱かずに逝っちゃったんだぜ。そんなのねーよ」

「…でも、おまえ生きているじゃないか。何か見つけようぜ」

「何回やっても、なかなか死ねないしな…。あんた頑張んな。…じゃ、おやすみ」

時計は五時を回っていた。そんなことが何回もあったように思う。濃密な時間だった。それまで家族から受け継いできたもの、教育で身につけたもの、すべてをはぎ取られたように思えた。

そんな彼はいつも弱い者の立場になって挑んできた。不思議に子どもはすぐになついていた。どこかに無垢《むく》な心をもちつづけていたのだろう。

母さんに抱かれたい

ダテオが新得に来て二年たった年の三月、吹雪の夜のことだった。例によって酒を飲んで大暴れをして包丁を手に持った。こっちが包丁を取り上げると激論になった。が、パッと消えた。聖書だけ持って飛び出した。列車に飛び込んで死のうと思っていたらしい。

ところが、最終電車が行ってしまったあとだった。いくら待っても列車は来ない。寒くなって新得駅に上がり、手にした聖書をベンチで読みだした。死ねなくなった。翌日だったか翌々日だったか、泣きながら帰ってきて「もう一度やらせてくれ」と頭を下げた。

そのとき彼を救った聖句は「コリント人への第二の手紙」第十二章の中のものだった。「キリストの力が私に宿るように、むしろ、喜んで自分の弱さを誇ろう。だから、私はキリストのためならば、弱さと、侮辱と、危機と、迫害と、行き詰まりとに甘んじよう。なぜなら、私が弱いときにこそ、私は強いからである」

そのとき、僕の親父もいた。お互い今までの繰り返しはやめたいと言う。「何をやりたいんだ?」ときくと、「大工になりたい」と答えた。手先の器用なやつで、大工仕事を一生懸命やっていた。「長野の共働学舎のすぐそばに、いい大工の棟梁《とうりょう》がいるから」と言う父の言葉に従って、ダテオは新得を旅立っていった。

長野の大工の棟梁にかわいがられながら一年を過ごした。ところが、なかなか仲間とうまくやれない。出かけたきり行方不明になることもあった。運転ミスでトラックを壊し、山中に十日前後隠れたこともあった。東京の工務店で働いてみたが、学校に行っていないから算数ができない。兄弟子たちともうまくいかず、結局、養父母のところへ戻ってきた。

僕のうちにはときどき電話をよこした。「牛さん、元気?」から始まって「アンナ(長女)は元気?」と順番にきいた。「おまえは元気か?」ときくと、「元気です」。「どこにいるの?」ときくとぱしゃっと切れた。今いる場所は絶対に言わなかった。

二十三歳になっていた。実のお母さんの戸籍はわかっているから、自分で戸籍をつくって自立することになった。それは名実ともに独りぼっちになることを意味した。ある日、自分が生まれた住所に行った。そこにはもう家はなく、あるのは道具小屋だけだった。ダテオはそこで首をつって死んでしまった。

絵を描くやつだった。よく歌も歌っていた。彼の持っていた大学ノートの中ほどには一言、「おれは、かなしい」と書いてあった。それ以外、ノートにはなんにも書いていなかった。

野球のバットの材料になるアオダモの木を一本だけもらってきて植えたことがある。ある人から「これは一本だけじゃだめだ」と言われた。その林の中に何本かないと元気に育たないんだ、と。人間も一人では生きていけないのだ。

僕と彼とは何か通じているような気がしていた。包丁を投げても、絶対に妻と娘には当てないという確信があった。僕も殴られたことは一回もなかった。でも最後の最後に、やはり共働学舎で生きることに対して望みをもたなかった。

彼はいつも「おれは母さんに抱かれたいんだ」と言っていた。それは母親のいる天国に行くということだ。「ふざけるな、死ぬなよ」と何度も僕は繰り返した。しかし、その言葉は届かなかった。

こいつら、できるじゃないか

父の提案でダテオの追悼録を出すことになった。でも僕は書けなかった。彼が生きてきたことに意味があるということを書きたい。彼の二十三年の生を肯定したい。しかし、僕だけが書けずにいた。

学舎は設立から四年が過ぎて忙しい時期だった。その年の冬の朝、生まれたばかりの子牛二頭が骨をむき出しにして死んでいた。獣医はクマの仕業だという。ほとんど寝ずに突貫工事で牛舎をつくった。牛を入れて一安心したところで、正月を前にメンバーを全員実家に帰した。妻は妻で赤ん坊の世話でたいへんだった。

極寒の中、牛の世話や搾乳を一人でやるうちに過労で風邪をこじらせた。薬を飲みながら仕事を続けたら、胃と十二指腸に穴があいてしまった。僕は正月にも痛み止めを飲みながら搾乳を続けた。メンバーが戻ってきたころには肝臓を悪くして、とうとうぶっ倒れた。四十度近い熱で朦朧としたまま、十日ほど寝たきりになった。

そして十日目、不思議なことに、どうしても書けなかった追悼録の文章がぽんと出てきた。ダテオは「人が素顔で生きることの原点を示してくれていた」。

人は、生まれ落ちたときから本当は独りだ。強いも弱いもない、独立した一人の人間のはずだ。でも社会には強い者と弱い者がいて、自由なんてないと人は思っている。だが、それは人間のつくり上げたイメージだ。強い弱いなんて結局、立派な服を着ているかどうかだ。裸になればみんな同じだ。

ダテオにはかぶる仮面がなかった。肩書きも家族もなかった。だから、素顔でずっとこの世の中を歩き通していった。そして生きていく意味を探し求めていた。それは社会が彼に負わせた重荷であり、彼は孤独に苦しんできた。しかし、素顔で生きることにこそ、人間の在り方の原点があるのではないか。でも彼はその不器用さゆえに真意を伝えることができずに母親のもとへ帰っていった——。

そんな文章を一気に書いて父親のもとに送った。すると、その翌日さっと熱が下がった。

十日も牛の世話をしていなかった。牛は何頭か死なせているだろうと思って、はいずるようにして牛舎に行った。すると、一頭も死んでいなかった。僕が指示しなければ搾乳もできない、餌もやれないと思っていたメンバーが、自分たちだけで餌をやり、搾乳をしていたのだ。僕の意識は百八十度変わった。

「こいつら、できるじゃないか。そうか、そうだったのか」

僕は自由学園で「体力、気力、知力を尽くして世のリーダーたれ」と教えられてきた。だから、先頭に立って引っ張っていくことしか考えていなかった。その力がすべて尽きたとき、みんなが内発的に動きだした。彼らの中には、本人も周りも気がついていない可能性がある。その可能性を引き出して、生きる意欲をもたせることが僕の役目だと腑《ふ》に落ちた。

それからだ。「この仕事をやれ」ではなく、「おまえ、今日は何をやるの?」と尋ねるようになった。自分がやりたいこと、自分がやらなければいけないと思っていることを自ら考え、自己申告させることにした。

ダテオが自殺したことを僕は認めたくないし、認められない。だけど、彼が包丁を突きつけながら伝えようとしていたことが、その瞬間にわかった気がした。

彼は人がかぶった仮面を外そうとしていたのだ。正義漢ぶっている人、学歴や肩書きで勝負しようとする人、みんな自分の弱い部分を隠すため、そういう仮面をかぶっている。世の中、仮面という建前がどんどん増えている。しかし、本心はそうではない。本当の自分は弱さを感じている。その弱さを隠すために仮面を利用する。それを彼はずっと見抜いていたのだ。

しかし、彼はそれを表現する言葉がなかった。生活を通して周りに伝えるすべを知らなかった。説得できないし、理解してもらえなかった。だから包丁を突きつけた。

包丁を突きつけられたとき、人は恐怖で正義の仮面も外れてしまう。「ほら、おまえ仮面を外せるじゃないか」とダテオは言っていたのだ。そういうコミュニケーションのとり方しか、彼はできなかった。

それがわかったとき、今度は人間がかぶった仮面の裏がなんなのかよく見えるようになった。「こいつが強がっているのは、こういう弱点を隠そうとしているんだな」と見えてしまう。そして、親切のつもりで「おまえ、そんなに強がらなくていいよ。緊張しなくていい。自分の弱点はここだと思っているんだろ。そんな建前をつくらなくていいから」と言っていた。

ところが、仕事のできるメンバーが半年で六人辞めていった。それはなぜか。彼らは自分の弱点を隠そうとしていた。僕の指摘は「おい、こっちから見えてるぜ」と言っているのと同じことだった。包丁は投げても的を外すことができる。言葉は真実であれば外せない。心にぐさっと突き刺さるのだ。すると人は耐えられない。六人に辞められ、今度は現実の仕事が動かなくなった。

はっと気がついた。僕は間違っていた。それは言ってはいけないことなんだ。僕らは親切で子どもらに「あなたはここができない」「ここをなんとかしなさい」と言う。

でも、言えば言うほど子どもはできなくなる。わかっていても言ってはいけないことがある。大事なのは、どうしたら自分の弱点を自分で認識し、それでもいいんだと認めることができるようになるかだ。それには「やりたいことをやれ」と言い通すしかない。

要するに可能性を引き出すことだ。そして、やったことを評価して、「おお、役立つじゃないか。よかった、ありがとう」という場面をどんどんつくる。そのプラス面が大きくなってくると、マイナス面がだんだん小さく見えてくる。

そうして「あいつはこれだけやっているからいいんじゃないか。あいつなりにやっているからOKだろう」と思える雰囲気を周りがもったとたん、その欠点に本人もこだわらなくて済むようになる。

僕はそういうことに気がついた。それはダテオが命がけで伝えてくれた大きなメッセージだった。

現実から逃げない

そういったメッセージを、言葉がうまく使えない人たちも発している。それをどうキャッチするか。そこで受け取る側の想像力、理解力が問われる。それを受け入れる姿勢が求められる。

それは方法ではない。言ってみれば、現実から逃げない。そこに身を置くということだ。どうしていいかわからない。そういう状態でも受け入れる。そこに立って目をそらさない。どうしていいかわからないが、目をそらさないでいると、相手が何を必要としているかが少しずつ見えてくる。それに対して自分は何ができるのかと問いかける。

多くはさびしがっている。理解をしてくれる仲間、自分の存在そのものをそのまま条件なしに受け入れてくれる存在があって、人は初めて安心する。そして、「そういう存在になることができるか?」ときかれれば「それは誰でもできる」と答えるだろう。「お母さんに抱かれたい」というダテオの願いはただ、「お母さん」という代名詞を使っているにすぎないのだ。

ダテオは女性を求めていた。年上の女性を求めていた。拒絶されれば怒りが生じる。受け入れてくれる女性が他人であることにも怒りが生じる。男女の関係になりたいわけではない。ただ怒りが生じてくる。それをどうやって受け取るか。

さまざまな障害、いろんな悩みをもつ男性も女性も、異性に受け入れてほしいという思いは人一倍強い。それを恋愛や結婚というかたちではなくてどう受け入れるか。異性に認められたという思いを抱きながら、安心してそこで生活をしていく。それがどういう形態でできるかということだ。

男女の関係は難しい。特に男はその欲求が強い。そうすると、女性のほうがそれをうまく受け入れて、一線を崩さずに受け入れるという心持ちをもてるかどうか。

タイヤショベルの操作がうまいナギノは、学舎に来てホルモンバランスの悪い末端肥大症ということがわかった。女性メンバーを見て「かわいい」とか「今日はきれい」などと口に出す。僕の妻にも「かわいい」と言う。そうやって、かかわりをもちたいらしい。そのときに「ありがとう」と一言返せば収まるわけで、妻がそう答えていたら「かわいい」と口にする連中が増えてきた。

僕は「どんどん言え、どんどん言え。おれの代わりに言っておいてくれ」とちゃかすけれども、そういう関係を毎日少しずつでもいいからもつことで落ち着いていられるということがある。「ありがとう。うれしいわ」と返すのは社交辞令ではない。言葉の意味を超えた「あなたが言っていることを全部受け入れますよ」というメッセージなのだ。そういったことを今、女性たちができるかどうか。もちろん逆に女性が男性に対して、同じような気持ちになる場合だって多々あるだろう。

相手の心を受け入れる気持ちになっていると、言葉が自然と出てくる。状況によって全然違う言葉が出る。おもねりでもごまかしでもない。学舎の女性たちはそれがうまくなった。女性の防衛反応が解けてくると全体がなごんでくる。逆にこわばっていると全体がうまくいかない。だから、女性の在りようはとても重要だ。その分、女性自身はたいへんだろう。

学舎を出ていった男性が電話をかけてくるときは、僕にではなく妻のほうだ。何を話すではない。声を聞けばいいようだ。ああ、何々君と言ってちょっと会話をしたら、じゃあと言ってぽんと切ってしまう。それでいい。気持ちのつながりができていることでＯＫだ。

男女や親子の間で気持ちのつながりが絶たれた人間が、学舎で傷を癒しては出ていく。男に裏切られて自殺未遂を繰り返した女性は、農場で半年ほど働いているうちに立ち直って、地元で見合い結婚をした。

男性問題だったのか、ストレスのために膠原病《こうげん》になった女性は「自分の問題がわかりました。それを解決するために実家に帰って父親と話してきます」と出ていって、一週間後、明るい顔で帰ってきた。一年間ほど学舎で働いて、今は精神科医になって子どももいる。「なぜ精神科なの？」ときいたら「私は自分で経験していますから」と話していた。

幼いころに母親のとった何気ない行動がもとで、今でいうストーカーになってしまい、精神病院に入退院した女性もいた。母と娘の話を聞いて、問題がどこにあるか、気づかせることまではできたが、そこから先は立ち入ることはできなかった。

職場や家庭で傷ついて立ち直れなくなったとき、少し羽を休めるところがあればいいと思う。そのとき、そばに自然があったほうがいい。仲間がいたほうがいい。そして、気を紛らわすために仕事があったほうがいい。

アマテラスを引き出せ

ダテオとともに僕らと一緒に入植したヒロヤは、母を事故で亡くしてから、学校に行かないままひきこもり状態だった。父親が僕の親父の教え子だった。心根が優しく、みんなに好かれていた。農場に来てから車の免許を取り、野菜づくりを熱心にやっていた。だが、自信をなくすと寝込んで、食事もしないまま出てこなくなった。数年して長野の共働学舎に移り、野菜づくりを指導している。

近頃の日本では「ひきこもり」とか「ニート」とかいう言葉が飛び交い、あたかも社会にはそういうポジションがあるかのように思われている。彼らがいちばん必要としているのは何だろう。彼らを解き放つにはどうすればいいのか。共働学舎に来る多くの悩みをもった人と接して感じることは、みんな自立した社会人として生きたいし、周りからもそう見てもらいたいということだ。

しかし、不安なのか、プライドなのか、怒りなのか、何かが邪魔をしていて、素直に扉を開けて出てくることができない。

スサノオの乱暴狼藉《ろうぜき》に怒って岩戸に隠れてしまった太陽の神アマテラスみたいなものだ。彼女はひきこもりの元祖だ。古事記を読めば、どうしたら岩戸が開き、アマテラスが出てきたかが書いてある。

真っ暗な世界で、アメノウズメはお酒を飲み、肌もあらわに面白おかしく踊ると、八百万《やおよろず》の神がどっと笑った。大宴会の楽しそうな声を耳にして「太陽が隠れているのに、どうして楽しそうにしているのか」といぶかったアマテラスが、ちょっと岩戸を開けてみた。そこに差し出された鏡に写ったのはアマテラス自身の姿。輝くその姿に見ほれたそのすきに、タジカラオがアマテラスの手をとって引きずり出し、世界は再び明るくなった。古事記にはそんなふうに書いてある。

ここには大きなヒントがある。暗いときにも楽しく生きる術をもつということだ。楽しく生きている音、つまり雰囲気がなければだめということだ。大人が顔をしかめていたら、そこは子どもにとっては音の失われたつまらない世界だろう。大人が楽しげにやっていなければ、何か自分もやってみようと思うわけがない。

鏡を差し出すという知恵もなければならない。つまり相手の心をきちんと映し出して、現実を知らしめるということだ。扉を開けて外に出てみたいという気持ちを後押しする技もいる。

ひきこもりは日本文化の中に絶えず存在した問題なのだろう。さまざまな季節の催し物が、その閉ざされた心の扉を開くチャンスを与えていたのではないだろうか。そのチャンスをつかみ、希望という陽が少しでも射せば、日ごろ培ってきた技を駆使して一人前の社会人として生きていくことができる。そういう機会を与えてあげることが僕らの役目だと思う。

自分だってできる

世界を照らすアマテラスをどうやって引き出すか。学舎の一例を紹介しよう。

学舎の中心は食堂だ。六角形の木造二階建ては僕が設計した。食事を知らせる鐘を鳴らすとみんなが集まってきて、食後にその日の予定や情報交換を済ませると、またそれぞれの仕事に出ていく。母船のような場所だ。その二階が吹き抜けのオープンスペースとなっていて、男性メンバーが寝起きする場所になっている。食事のにおいや湯気が上がり、みんなの話し声や生活の雑音が聞こえる場所に住まわせているわけだ。

ひきこもっていた人は最初のうち、だいたい怖がって「食事だよ、おいで」と声をかけても降りてこない。けれど食事をこちらから持って上がることはしない。当然、おなかがすく。みんながいなくなったころを見はからって、そっと降りてきて、冷めたご飯やみそ汁を食べている。そういうところをふっと通りかかったときに声をかける。「そんなの、温かいうちに食べに降りてこいよ。誰がいたって温かいほうがうまいんだから」。そんなことを言って、それがいいとか悪いとかは口にしない。

みんなは必ず食事どきに集まってくる。みんな「あー、疲れた」とか「どうだった?」とか「おまえ、何やってたんだ!」とか勝手なことをしゃべっている。それが全部聞こえるところにいる。たいしたことは話していない。でも活気がある。そうやっていると、だんだん当人は気になる。明らかに自分よりも障害の重い人が仕事をしているとがわかる。それも楽しそうにやっている。そうすると、自分も何かできる、五体満足な自分はあの人よりも何かできるはずだと思いはじめる。

何かしたくなったとき、だいたい最初にトライするのがおやつづくり。あまり責任がなくて、失敗しても実害がないからだ。なかでもいいのが、焼き菓子だ。一緒にあだこうだと言いながら、女性メンバーと一緒に粉をこねたり型を抜いたりしてケーキやクッキーを焼いている。

四時半ごろ、お茶とおやつの時間になると、みんながぱらぱらと集まってくる。テーブルに置かれた焼き菓子のそばにはメモがあって、「一人一枚」とか「一人三枚」と書いてある。めいめい好きなのを取っていく。そのとき、どれが取られるか。つくった当人は気になるから必ず見ているものだ。

僕は「これ、つくったの?」と言って、ばくっと食べる。「手を洗ったか?」「分量を間違えてないか?」なんてきかない。そのまま無防備に口に入れる。だからこそ、まず焼き菓子がいい。生菓子だと、万が一あたって下痢などしたらどうなるか。つくった当人はもう二度とつくらないだろう。つくる側にとっては、焼き菓子なら安全だ。口に入れて「いけるよ。うまいね」と反応する。でも必ず「ちょっとこれ、焦げすぎたね」とか「これ、塩加減を多くしたほうがいいよ」とか、一つだけ注文する。もうちょっと工夫すれば、もっと良くなるはずだよと伝える。そうすると、当人はそれが気になってしょうがない。もう一回トライする。今度はうまくやろうと気をつけてやる。それで「あ、うまくなったね。じゃあ、次はこれやってみよう」とだんだんグレードが上がっていく。みんなの評価も上がっていく。すると、本人に自信がついてきて、今度は夕食の手伝いになる。

夕食の手伝いになったら、「この野菜、切って」から始まる。それを料理に使う。次は「畑の野菜を取ってきて」「卵とチーズもらってきて」「倉庫の肉を取ってきて」と、みんなが仕事をしているところに取りにいかせる。そうすると、仕事の実際が見えてくる。自分より体が不自由な人間が仕事をしていると、「自分だってできる」と思う。

これだけできたじゃないか

食事をつくりだすと、自分がつくった料理だから、今度は食事も一緒に食べることになる。食堂では朝食後、それぞれ自分が今日やる仕事を報告する。「今日は何をやるの?」ときかれる。そうすると、答えざるをえない。「休みます」と答えても、文句を言う者は誰もいない。自由に休めることになっているからだ。でもそのうちに「どこを手伝えばいいでしょうか?」と言いだす。「何をやりたいの?」ときくと、たとえば「野菜、やります」と答える。「OK」と野菜の仕事場に、ぽんっと回してしまう。

何もわからなくても仕事場には行く。ゆっくりゆっくり動きだす。その可能性をぷちんと切らないように、焦らずじっくりと引き出していく。「こうしなければ、だめじゃないか」「これしかできないのか」とやると、とたんにしぼんでしまう。「おお、これだけできたじゃないか」と認めていく。

やったことが認められると、余計にやってみたくなる。自分でも知らなかった可能性を知る。できると思えば面白い。どんどんやるようになる。そこに至るまでには、もちろん一筋縄ではいかない。しかし、当人のなんにもしてくれないという思いが、何かする側に回ったとき、その力は僕らの想像を超えるのだ。

だから、親や児童相談所の職員が「この子は何もできない」と言って連れてきても、僕は信用しない。絶対に何かできる可能性があると信じている。「何もできない」というのは、この子の中に可能性を見つけられなかったということだ。潜在する可能性を見つけて引き出せば、それは本人と僕らのものだ。

評価も批判も、言葉ではなく事実で示されるほうが効果的だ。たとえばニワトリの世話の成果は、毎日の卵の数ではっきりと示される。手を抜けば、とたんに生む卵の数が落ちる。水をやっているか。餌をやり忘れていないか。キツネやイタチの被害を防ぐため、きちんと穴をふさいでいるか。

当人にすべて任せているのだから、僕は現場に行って指示しない。やり損なって引っ張りまわされることも、もちろんある。それは当人の責任であることを明確にする。すると、評価も批判も返ってくる。自分がやっていることの意味や価値がわかってくる。その意味や価値は、卵の数という動かぬ事実が示しているということだ。

成果が上がれば、それをきちんと認める言葉を発することで、当人も納得できる。

そして、これをお金に換算するといくらになるか計算できるようになる。すると、自分の生活はそろそろ自分で賄えるということになる。それをもって自立という。

今日の卵の数は六十二個で、昨日は六十三個だった。たいして変わらない。でも、数のうえで一個減るのは何か原因がある。それが重なって卵の数がゼロまで落ちたことがあった。でもその当人にずっとやらせつづけた。すると再び六十個ぐらいまで上がってきた。彼自身、もうそこにきちんと気がいくようになっていることが、こちらにもわかる。

そこまでいくと、彼が「そろそろ中に入るよ」と言って小屋の扉を開けると、ニワトリが素直に入っていくのだ。入らないと外敵に狙われることをニワトリ自身わかっているらしい。あっちだこっちだと追い立てない。言えば言うほど動かない。言わずに黙って待っていると、おのずと適切な道を自分で選んでいく。人間と同じだ。

おまえ、何を言ってるんだ

僕の娘や息子たちは、さまざまな障害や悩みをもった人たちの中で育った。だから、どんな障害をもっていても、子どもらは違和感がなく「お兄ちゃん、お兄ちゃん」と呼んで遊んでいた。そのことが一つの事件を起こした。

長女のアンナが小学一年のときだった。彼女はしょっちゅうクラスの友達を、学舎に遊びに連れてきていた。けれど、学舎にはいろいろな人がいて、自閉症のように奇声をあげることもある。その声におびえる友達にある時、アンナが「あれは特学だから」と口にした。

特学とは特殊学級の略で、障害児ら普通の授業についていくことができない子どもらのクラスのことだ。文脈によって差別的に使われることがある。アンナはそんな意識もなく、おびえる友達を安心させようとしただけだった。

しかし、その言葉に周りはピーンと張り詰めた。僕自身カチンと来たし、僕がどう反応するか周りは行方を見守っていた。僕はかなりきつい調子で怒った。「おまえ、何を言っているんだ。特学ってなんだ！」

父親にばしっと言われた瞬間、彼女はパニックに陥ったのだと思う。それから二年間の記憶がない。アンナはどうしていいかわからなくなったのだ。

彼女にとって、学校と学舎の空気はまるで違う。学校で学舎のことを話すとおかしいと思われる。学舎の中に学校の言葉をもってきたら怒られる。学校の友達が来たから学校の言葉に合わせただけだった。同じ現象なのに学校で使われている言葉が学舎では使えない。小学一年の女の子に、その整合性はつけられなかった。

周りは僕が筋を通していると思ったかもしれない。しかし、幼い女の子の心の中までは想像できなかった。わけがわからなくなったアンナは、この橋から向こうに行ったら学校、こっちに帰ってきたら学舎と、自分の中でずっと気分をスイッチしていたらしい。子どもにとって、それはけっこうきついことだったと思う。僕の言葉がきっかけだった。娘を深く傷つけた。

アンナは学校へは行った。ところが、学校の言葉を身につけると父親に怒られると思いこんでしまった。だから、学校で学ぶことは価値のないものだと思って、授業はほとんど聞いていない。まるで「窓ぎわのトットちゃん」だった。好きな音楽と美術はやっていたが、どんどん成績が落ちてきた。

でも、周りに集まってくる子どもは変わった。成績のいい子やスポーツのできる子と仲が悪いのではない。でも、親のいない子や白血病の子、さまざまな問題を家に抱えている子たちがアンナの周りに集まってくる。

アンナはそれを守るようなかたちになっていたのか、グループをつくっていた。そんな子どもたちが学舎に遊びに来ても違和感がない。だから、心地よかったのではないかと思う。娘は教会学校へ行っていたから、そういった子どもたちも教会学校に行くようになり、救われた子は少なくない。

僕は二十四時間、いつも忙しかった。だから子どもたちは父親を独占できない。それはまずいと思っていた。だからアンナが学校へ行くようになってから、僕は毎朝、登校時間にはダラダラと歩きながら、通学路の途中まで送っていった。橋を渡ったところからずっと土手を走っていくと、学校まで近道で行ける。それがしばらく見える。ずっと見ていて、見えなくなるまで手を振っていた。

そういう時間をもつようにすると、弟たちはそれが面白いからくっついてくる。そうすると、行きはアンナが中心になってしゃべるけれど、帰りは坊主どもが親父を十分間だけ独占できる。子どもたちにとっては親父を独り占めできる唯一の時間だから、必ずついてくる。

子どもたちと一緒に歩く朝の十分間。あるいは一緒に騒いで風呂に入るひと時。子どもにとってはそれで十分だ。「この人の気は自分にある」と確認すれば、ほかはべったり接していなくても安心できる。朝にあいさつをするのも同じことだ。僕は誰でもすれ違うと必ず声をかける。何か用事を見つけては声をかける。声をかけるというのは、気をかけるということだ。

成長してからアンナには、二年間ほど記憶がないうえ「勉強しなかったのはパパのせいだ」と責められた。それでも高校からは自由学園に入った。勉強は嫌いと言っていたけれど、フィンランドで一年半、シュタイナー教育を学んできた。

仲間に支えられた

共働学舎の中と外の関係をどうするかは、アンナが示したように子どもらにとっては難しい課題だったと思う。長男マキヤはその点、隣の酪農家の長男とつるんでさんざん遊び、地元の友達もたくさんいた。

マキヤはその隣の長男と同じ年に生まれた。朝の四時ごろ生まれて、母子センターから隣の牧場を通って帰る途中、「生まれたぞ。男の子だ」と僕は告げた。初めての男の子だから、うれしそうにしていたに違いない。搾乳中にそれを聞いた隣のおじいさんが「宮嶋は、なしてオスの子があんなにうれしいんだべ?」と不思議がったらしい。酪農家ではメスが生まれれば大喜び。オスが生まれても「ああ、オスか。五千円で売れればいいほうだべや」でおしまいだ。「違うよ。自分の長男が生まれたんだ」と言ったら、「なーんだ、そうか」と大笑いになった。

マキヤは二十歳のときに僕の車に乗って、大きな交通事故を起こした。乗っていた四人のうち一人が即死だった。地元の友達はすぐに見舞いに来てくれた。しかし、本人の記憶が事故以前の何か月前からか失われていた。

一か月近くたってから意識が戻ってきて、少しずつ思い出してきたのだろう。「おれの車に何人乗っていた?」ときく。全部で四人。同じ病院にいた二人は一人ずつ退院していった。一人足りない。亡くなったことを告げるかどうか考えたが、その疑問をもったときに正直に事実を告げた。

ショックだったのだろう。黙っていた。記憶は少しずつ戻ってきたみたいだが、事故の記憶はいまだにない。記憶がなくても受け入れなければいけないことに、相当いら立っていた。

事故現場はもともと危険性が指摘されていた場所だったことがあり、裁判では情状酌量で執行猶予がついた。こちらが切羽詰まっているとき、地元の友達も学舎のメンバーもみんなパッと動いてくれた。葬式の手配から遺族の対応まですべてやってくれた。普段しょうがないなと思っている人間も、そういったときこそ自分のきょうだいのように動いてくれる。ありがたかった。子どもらとメンバーとの垣根がないことにあらためて感謝した。

ちょうど僕がつくったチーズが大きな賞を取り、チーズの売り上げが大きく伸びて、調子づいていたときだった。事故でその気持ちはぎゅっと引き締められた。

戦場は彼の心の中にある

僕は物質の世界も人間の暮らしも人の心も、この世にあるものはすべて同じ法則で動いていると思っている。

たとえば僕のイメージでは、世界は三つのエネルギーで動いている。物理の言葉でいえば、引力と斥力、それから回転する力。引力と斥力だけだと、離れるかぶつかるかだが、回転があるからこそ、この宇宙は動きながら存在している。渦巻く銀河系のように。電子が回る原子モデルのように。太陽と地球の関係が安定しているのは、地球が絶えず太陽の周りを回っているからだ。「動くことでバランスをとる」のは、この世界に一貫する普遍的な法則だと思う。

人間の心もそういうふうに考えると、見えてくるものがある。人間の中には「自由になって外に飛び出したい」という遠心力と、「既存の共同体に属して安心していたい」という求心力がある。

赤ん坊のときは完全に親に帰属し、自我が目覚めてからは自由を求めて離れようとする。でも、外に飛び出したとき、生活という重心がなければ、鉄砲玉のように戻れなくなる。だから後ろ髪を引かれながら自由になろうとする。

そのとき、引力と斥力の中に回転が生じる。自由にふるまいながら、どこかに行ってしまわないときは、周りを回るという動きになる。それが仕事であり活動だ。そのバランスが取れていないと、社会の一員としてはやっていけない。

学舎にいるショウヘイは、中学一年のときに母親が家を出てしまった。彼も二回家出をしたが、人前ではきちんとしていたらしい。いい高校にも入ったが、結局、中退してゲーム中毒に陥った。学舎に来てからも、ゲームを求めて帯広まで出かける。

「あんなにお金を持たせたら、帰ってこないよ」とみんなは心配するが、「大丈夫。絶対帰ってくる」と僕は話していた。自由を求めて出ていくが、食事と寝床を求めて戻ってくる。ゲームに没頭して現実を忘れたいという欲求に対し、それでは心が満たされないことがわかってきている。帰って心のつながりをもちたいという思いと闘っている。戦場は彼の心の中にある。

そこで僕らができることはなんだろう。「いつでも帰ってこい。受け入れてやる」という構えを示していることだ。それが引力になる。そして自ら歩きだすのを期待して待つことだ。彼が安定するには、学舎の内でも外でもどこでもいい、生活しながら自由を保つ動き方を自分自身で見つけなければいけない。

だから、向こうに行こうとするなら、こっちに引っ張るのではなく、真横へ動く力を待つのだ。真横への力とは、たとえば「あいつによく思われたい」「自分の仕事ぶりを彼女に見せたい」という見栄でいい。「あいつよりできるはずだ」「あの人に負けたくない」という負けん気でもいい。なんでもいい。少しずつでも動きだせば回りだす。回ることで、自分がバランスのとれるポイントを探し出せるはずだ。

そんなイメージで人間の心を見たときに、相手の次の動きが読めることになる。動きを読んで、先手を打って予防することもできる。

僕と父親の関係だって、この三つの力が働いている。父の共働学舎の理念に共感するという引力。それでいて別の道を歩もうとする斥力。その中で僕はぐるぐると回りながらバランスをとってきた。僕なりの仕事をなしてきた。

僕の子どもたちだってそうだろう。二男のマサシ、三男のユウキは今、引力と斥力の間で彼らなりに回っているように見える。

人生に無駄なことはない

マサシはすごいデブちゃんだった。三男が六歳下だから、六年間いちばん下で、甘えん坊のところがある。すごく太っていたから、学校でいじめられた。共働学舎のメンバーのことをあげつらわれて、石をぶつけられたりしていた。だから学校が嫌いで、行きたくないと始終ぐずっていたが、毎日僕が通学路の途中まで送ったから通いつづけた。

小学校に上がったとき、ほかの児童は自分の名前ぐらい字が書けたが、マサシは読めも書けもしなかった。忙しくて教える暇もなかった。だから授業がわからなくなった。それを知ったとき、彼はどうしたか。わかるまで手をあげつづけた。

すると、マサシがわからないと授業が進まない。先生はマサシ中心に教えざるをえない。彼にとっては当然、それがいちばん理解しやすい。どんどん成績が良くなってくる。周りも認めだしてきた。しかし、太っていたから運動がやはりだめだった。仲間にいいように使われて、それがいやで中学から東京の自由学園に行くことになった。自由学園の願書に書いた目標欄は「体重を落とすこと」だった。寮ではさんざんしごかれて走らされたらしい。泣きながら走ったという。すると、だんだん体重が落ちてきた。重い体重でずっと走っていたから、体重が減ったら速い、速い。中学三年で東久留米市のランナーに選ばれて、市対抗駅伝で歴代の記録を塗り替えてしまった。

それが自信につながったようだ。努力すれば結果が出る。いじめの最悪の状況から自力で抜け出した体験が「なんでも自分が思ったことをやればできる」という思いにつながった。

大学に入って「小遣いをくれ」と言うから、「チーズは売るほどあるけど、おまえにやる金はない」と答えたら、「じゃあ、チーズをくれ」と言う。卸せというわけだ。

それから友達二人とチームを組んで、パソコンでチラシをつくり、毎月、学校の先生や親にチーズの注文用紙を配りはじめた。注文をまとめて、送られてきた商品を仕分けして配る。がんがん売って、年末には二人で百万以上を売り上げていた。学校で商売してはいけないという話がないわけではないが、先生や親も共働学舎のチーズを食べることができて重宝しているようだ。そのバイトは、自由学園で代々引き継がれている。

自分で働くことに手ごたえを得て、卒業したらすぐに、共働学舎のチーズ販売の仕事をしたいと言いだした。僕は「それはだめだ。まず本場でどこか他人の飯を食ってこい」と、高級輸入食品や加工食品などの製造・販売会社にバイトのようなかたちで入らせた。すると、すぐに本社員採用で買い付けを任されるようになり、新店舗の高級ハムやチーズの素材に関するマネージャーとして実績をあげた。二〇〇七年にはその売り上げ手腕を買われて、本社づけで販売全体を仕切るマーチャンダイズ・ディレクターとなり、日本中を飛びまわっている。

マサシは食いしん坊で、母親が忙しいときは小学生のころから自分で料理をしていたほどだ。食べ物には貪欲《どんよく》で、だから太った。しかし、小さなころから本物を食べているから、それが今、素材選びや味の識別に生きているように思う。人生に無駄なことはない。

今日は何をするんだ？

末っ子のユウキは喘息《ぜんそく》がひどかった。小さいときは咳《せき》で夜中じゅう座って起きていた。プレハブでほこりだらけの古い軽量鉄骨という、ひどい住環境だった。さらに、道を隔てたすぐ向こう側に電信柱が立っていて、トランス（変圧器）が埋まっていた。その最も影響を受ける部屋に、ユウキがただ一人残っていた。

最もトランスに近い部屋の外側に、直径一メートル、深さ一メートルの穴を掘って、粉炭を三百キロほど埋めた。すると、ずいぶん咳が楽になって眠れるようになった。だから僕は炭のありがたさを三男で確認している。

彼は小学校も入院を挟んでは、ときどき吸入器を使いながら通っていた。それで我慢強いところがある。中学校から自由学園に入って、寮生活を楽しくやっていた。おっちょこちょいで、目立ちたがり屋で、つるんで悪さをしたりして、停学になりそうになったりしていた。

しかし、高校二年の副委員長選挙では、学園史上初の選挙運動をやった。自由学園の委員長制度は独特で、立候補制ではない。全員投票で委員長、副委員長に選ばれると約五十日間、団体生活の責任をもたされる。重責だが、名誉でもある。「ほどほどにしておけ」と言ったが、選ばれて職責をまっとうした。

高校三年生のときは、本人の意思にかかわらず、今度は委員長になってしまった。ちょうど五月から六月にかけて問題が多発する難しい時期だ。案の定、いじめや盗難、さまざまな問題が出た。彼は自分なりの考えがある。でも、いくら正しいことを主張してもみんながついてこないと悩んでいた。彼は引かずに訴えつづけた。すると孤立してしまった。以前、一緒に悪さをしていた連中から、「おまえさ、そんなに一人で突っ走ったってついてこないぜ」と言われたという。「でも悪いことは悪い。まとまらないといけない」と言いつづけて、泣きながら電話をかけてきたこともあった。

そんな中、遠足で北アルプスの槍ヶ岳《やりがたけ》に登山することになった。総リーダーは委員長だ。しかし「こんな状態では、みんなそろって行くのは危ない。本当に問題を解決しよう」と孤立しながらも泣きながら訴えつづけたそうだ。

彼の思いが通じたのか次第にクラスがまとまって、槍ヶ岳に登るときはすこーんと晴れ上がった。本人もすかっとして、晴れ晴れとした気分で下山したという。やればできるということを実感し、周りからも信頼を得ることができたようだ。

そうやって集団の中で人と接して何かを得ることを覚えた彼は、サービス業につきたいと言って、フレンチのフロアでバイトをやりはじめた。共働学舎のチーズ販売サービスをときどき来ては手伝ってくれる。ゆくゆくはチーズ関係のサービスかホテル業にトライしたいと話している。

子どもらは早い時期から「自分はこういうことをしたい」という希望をもっていた。大学生になった時点で「おまえ、何するんだ?」ときくと、明確な答えが返ってきた。それは多分、みんな三歳のときから「今日はどうしたいのか?」ときいて、すべて本人に判断させていたからだ。

それで、それぞれに痛い目を見ていた。「今日、おまえは何をしたい? 一緒にパパと行きたいのか? いやならいいよ。テレビを見てな。パパもママも出ていくからね」。夜になるとさびしくなってきて、ついていけばよかったと後悔したりする。だから状況を読むようになる。自分がどう生きていけばいいかを考える力は、世の中を生きていくためにいちばん必要な能力ではないだろうか。

学舎でも僕は、その日にすることをすべて自分で決めさせている。三十年間の経験で、社会にうまく適応できない人たちにとって、それこそが自分の道を見つけて自活につなげていく方法だと確信している。

子どもたちの名前は、すべてクリスマスがらみでつけた。幼子イエスを認める女性の預言者の名前アンナから、長女は杏奈。キリスト生誕のときに登場する牧人と牧場をかけて、長男は牧也（マキヤ）。博士もいた。親父、真一郎の真を取り、真の志をもつ博士という意味で二男は真志（マサシ）。アンナも牧人も博士も出そろった。次はどうする？　星があった。輝きがあるから三男は有輝（ユウキ）だ。

森の中の木が見えているか

新得農場が始まって二年目の冬が明けようとするころ、地元から入ってきたマッちゃんは、盲学校を出て分厚い眼鏡をかけていた。指圧がうまいが、てんかんの発作が出て仕事が続けられなくなった。親父さんの畑仕事を手伝っていたようだが、その親父さんが山で事故に遭って農家の仕事もできなくなった。

ほとんどしゃべらないが、黙々と働く。ときどき発作を起こしたが、学舎が気に入ったようだ。気のいい男で、誰もがやらない汲《く》み取り作業をしていると、すっとやってきて手伝ってくれた。「昔、親父とやっていたから」と笑いながら言う。おかげで臭い仕事も楽しくできた。夜、疲れ果てていると、よく指圧をやってくれた。さすがにうまかった。

一度、太りすぎて「教育入院」したときは、毎日のように電話をかけてきて話をしたがった。学舎にいれば何日も人と話さずにいても安心しているくせに、いったん出るとさびしがった。

学校でまとまったクラスは、こんもりとした森に見える。一本一本の樹木が子どもで、森は全体で調和している。では、森の中で木々が仲良く協力しながら生きているのかといえば、そうではない。一本の木だけを取り出すと、端っこの木は非常にゆがんだ形で育ち、光を求めながら端を支えている。真ん中の木はまっすぐ伸びていちばん目立ち、太陽の光をまともに受けている。

今の親は多分、まっすぐ上に伸びる木、つまり成績がよくて目立つ子に育つことを望んでいるに違いない。親の要求のまま「いい子」になろうと、背伸びしている子どもも少なくない。やがて子どもは社会に巣立つ。木々はバラバラになって厳しい環境に移植されるわけだ。そのとき、どの木が丈夫で健康だろうか?

僕は大学時代、森林生態学を研究していた。樹木には陰樹と陽樹があって、光が少なくても育つ陰樹は、陽樹が育たない場所でも生育する。ゆがんで小さく目立たない陰樹はそれでも生きのびている。しっかり根を生やして栄養を吸い上げるから、いったん移植して光が当たれば、ぐんぐん伸びる可能性がある。伝統的な民家を支えたのは曲がり梁《はり》と呼ばれるゆがんだ木だ。育ちの早い陽樹は耐久性に欠けるかもしれない。

森は全体で調和しているように見えても、木々はその中でし烈な競争をしている。背伸びをしているかもしれないし、ゆがみながらも状況に耐えているかもしれない。大事なのは、その一本一本、一人ひとりを見て解放されているかどうかを見極めることだ。一つの物差しで見るのではなく、それぞれがもつ特性に目を向けて、認めてゆくことだ。僕らは森の中の木がちゃんと見えているだろうか。

マッちゃんは学舎にいながら、今ではめったに顔を見せなくなった。彼は見当たらなくなって初めてその存在の大きさがわかる「隅の親石」（建物を隅で支える石）を思わせる。

町長の心を動かした

学舎設立の二年目にエイジとともに来たトモヒロは、典型的な自閉症児という紹介だった。地元中学校の特殊学級にいた彼は、やはり森の端っこの目立たない場所で育った木の一本だった。そのころは自閉症という言葉は知っていても、実態はよくわからなかった。両親は知的障害者のための会を地元で切り盛りするなど、懸命に息子の将来を考えていた。共働学舎はいわゆる施設ではなく、ハンディを抱えながら牧場の仕事ができると知って、自宅から農場に通わせることにした。

トモヒロは初め学舎でテレビをつけようとした。テレビを見ているときは静かだから、家庭でも学校でも部屋でテレビを見させていたらしい。それでテレビっ子になってしまった。しかし、ここでは仕事をすることになっている。つけたテレビをこちらが消す。するとまたつける。半日繰り返したら、ここではテレビを見ることができないと理解したようだった。ところが今度は、みんなが見たいサッカーの試合も彼が消すようになってしまった。

ふだんは外を走りまわり、何をしたらいいかわからない。こちらもどうしたらいいかわからない。でも少しずつ彼が理解できるようになった。プロ野球の選手の名前は全部知っている。字は読めるし、書き順は面白いが漢字も書く。なんといっても暗算がすごい。まるで映画「レインマン」の主人公のように、何年前の何月何日は何曜日とパッと答えが出る。

昨日の新聞は「新聞」ではないから切り刻んでしまう。怒った僕が「必要な農業関係の記事は切り抜いておいてくれ」と言ったら、翌日から自分で農業関係だと思った記事は全部切り抜いてとってある。しかし、そのほかの記事はやはり切り刻んでいた。彼は世の中をなんにも理解していないわけではなかった。自分にとって大事なことは感じ取り、ちゃんと理解していた。ただ、それ以外に世の中とかかわりをもたないだけだった。

まず自分が描いたイメージがあり、そのとおりにいかないとパニックになる。そのころ、いちばん困っていたのが、母親のつくる料理を食べずに、テレビのコマーシャルに出てくる食品しか食べないことだった。毎日、スーパーにレトルト食品の調達に行き、高額の請求書が親に届いていた。

短大を出たばかりで学舎に来た頑張り屋の女性メンバーが「私が一生懸命つくった料理を食べて」と勧めたことがあった。それを無理強いされたと思ったのか、トモヒロは怒って彼女に殴りかかった。周りが必死で止めたら泣きながら暴れ、はずみで割ったガラスが腕中に刺さってあたりが血だらけになった。病院に連れていっても暴れまわり、全身麻酔で治療した。女性は自分のせいだと思って真っ青になっていた。

ある日、その女性が「私が買い物の仕方を教える」と言って、学舎からスーパーへ向かった彼を、千円札を手に自転車で追いかけたことがあった。スーパーで彼が選んだレトルト食品をレジに並べて千円から引き算させた。そばでお姉さんがレジを打って値段をはじき出した。千円札を渡すと、引き算した結果と同じ金額のコインが返ってきた。面白いと思ったのだろう。翌日から「お金、お金」と騒ぎだした。

こちらも素直に渡しはしない。「仕事をしたら、お金を渡す」と告げると、「仕事？仕事？」と言う。そこで食事の食器洗いを教え、草取りを教え、織物を教えた。自分のペースだが、きちんと「仕事」をしている。午後四時に絵日記とその日の仕事を書く。千円札を渡すと、スーパーへ行って、毎日買い物をするようになった。

テレビとつきあうパターンは、スーパーとつきあうパターンに移り、レジで計算する行為が生活習慣として定着したようだった。それにハマっているときは安心していられる。ときどき、スーパーから困って電話が来るときは、レジが計算を間違ったときか、所定の場所にいつもの商品がないときだった。

ところが、今度は学舎内で問題が起こった。「どうして彼は僕らより給料が高いのか?」という声が上がりはじめたのだ。なるほど、彼は月に少なくとも二万五千円を支給されていた。そのころ給料と呼ばれるものは、十代では一万五千円、二十代になったばかりでも二万円ほどだった。

みんなの意見を聞いてトモヒロのほうを減らすことにした。一日八百円に下げても文句は言わない。七百円でも言わない。お金の計算はできるが、仕事に報酬が見合うかどうかなど考えていない。仕事をして、とりあえず自分が必要な食料を買うことができればいいのだ。五百円にした。さすがに一日の食費には足らない。彼は一度家へ帰り、母親の財布から不足分を取って買い物へ向かった。ところがある日から、食費の全額を財布から持っていき、毎日の給料五百円は貯金するようになった。

一年たった夏のある日、自宅でテレビを見ていたトモヒロは、重そうな貯金箱を手にして両親に「帯広に連れていけ」と言いだした。何を買いたいのだろう。車で帯広に向かうと、今度は「放送局へ行け」と言う。

チャリティー番組の24時間テレビ「愛は地球を救う」の会場だった。そこで、一年間でためた五百円玉約三百枚、合わせて約十五万円を貯金箱ごと寄付してしまったのだ。ご両親はびっくりした。話を聞いた僕らも仰天した。ずっとテレビを見ていて、みんな寄付しているから自分も寄付するものだと思ったのだろうか。誰もわからなかった。

この話が、共働学舎を新得町に〝誘致〟した佐々木忠利町長に届いた。町長は僕を呼んで「農場で何か必要なものはないかな？」と尋ねた。僕は即座に「屋根をください」と答えた。メンバーが増えて住む部屋がない。市街化区域から外れているので、町営住宅は造れない。屋根さえあれば、あとは自分たちで住めるようにするつもりだった。すると町長は「君たちはチーズをつくっているようだね。チーズを一村一品の産物として開発できないか？」と尋ねた。もちろん「できます」と答えた。

当時、牛乳は生産調整で出荷しても生活はできず、僕らは付加価値をつけたチーズを売ろうと考えていた。

一九八三年に「新得町特産物加工研究センター」が敷地内に建ち、運営管理は共働学舎に任せられた。これで僕らはチーズを出荷できるようになった。トモヒロの行為が町長の心を動かし、僕らにチーズをつくる施設を贈ってくれた。

それが、やがて共働学舎新得農場のチーズが本物の味として世界に認められることになる最初の大きなきっかけだった。

第3章　本物をめざして

「よし、わかった。これまでの行き過ぎた近代化・工業化が、人間本来の在り方を踏みにじろうとしている。おまえが傷ついた人間とともに、必死にそれを守ろうとしているのなら、行って本物のつくり方を教えてやる」

歴史ある味にはかなわない

トモヒロの〝善行〟をきっかけに、僕らのナチュラルチーズの本格的な研究開発が始まった。

チーズづくりを軌道に乗せるには、十年、二十年先を見据えた戦略が必要だった。飲用牛乳の消費がこの先伸びないのは、欧米の状況を見れば明らかだった。乳文化が進めば進むほど、消費の対象は牛乳からチーズに進む。現在、生乳のうちチーズに消費されているのは、ヨーロッパで八割以上、米国でも七割近くに上る。前述したように、ヨーグルトやアイスクリームなどサイクルが速いものは学舎では手が出せない。

では十年後、必ず売れるものは何か、それを考えた。答えは「本物」だった。本物が必ず売れる。僕がイメージする本物とは何か。何が偽物かを考えれば、答えは出てくる。合成着色料。養殖もの。遺伝子改良品種。つまり、機械化、工業化、効率化の結果できたものが偽物とみなされる。逆に考えると、本物とは、「天然の自然からいただける恵みのもの」を指していることになる。

「本物」と銘打てば売れた時代があった。それを背景にして、数々の食品偽装事件が起こったともいえるだろう。今や「本物」というレッテル自体があやしい時代になった。しかし、「本物」がうけるということは、僕らが口にする食べ物に偽物ではない本物があると、どこかで日本人は思っているということだ。それは古来より天然の食に恵まれた日本人ゆえの意識かもしれない。たとえば生き抜くことに必死だった人々にとって、食に本物も偽物もなかったのではないか。

そう考えると、本物を求める人間はいつの時代も必ずいる。自然を生かしてつくったものを提供すれば、それは必ず買い求められるはずだ。もちろん手間暇がかかって、大量に売れるものではない。だからもうかることもないだろう。しかし、生きのびることはできるはずだ。そして本来、日本の農業は、大量生産ではないそうした方向をめざさなければ生き残っていけないのではないかと思う。

チーズにおける本物とはなんだろう? 米国のチーズ職人のトップで親友のブルース・ワークマンがいつもつぶやいていた。「歴史のあるチーズの味にはかなわない」。

それは、ヨーロッパで二百年以上続いている伝統的な手づくりチーズのことを指していた。

本物のチーズをつくるチャンスは、間もなくやってきた。十勝の農業の将来を探る視察を目的とした国際交流関係のプログラムがあり、一九八九年にヨーロッパへ行くことになったのだ。そのときのテーマが「ナチュラルチーズ」「有機農業」「グリーンツーリズム」だった。当時、そんなテーマは食糧基地・十勝には関係ないといわれたが、今では大きく取り上げられるようになった。

フランスで出会えたのは、フランスチーズの一番の権威者、フランスAOCチーズ協会（ANAOF）のジャン・ユベール会長だった。僕のチーズづくりの師匠となる方だ。僕は敬意を評して、ユベールじいさんと呼んでいる。彼の指導があってこそ、今の共働学舎のチーズがあるといっていい。

われわれは伝統の食を守っている

AOCは「アペラシオン・ドリジーヌ・コントロレ」（原産地統制呼称）の略で、フランスの農業製品、ワイン、チーズ、バターなどに対して与えられる認証だ。これができた理由は、もともとボルドーの手づくりワインにある。

ボルドーのワインがおいしいと評判だったため、産業革命以降、ボルドーのブドウでワインを工業生産した。機械でつくるから安くて売れる。すると、昔ながらの味を守っていた手づくりワインが売れなくなった。消費者は同じボルドーワインで見分けがつかない。そこで伝統的な食文化とそれをつくる人々の生活を守るため、地域や製造法などさまざまな規制を設けてＡＯＣが法制化された。

しかし、ＡＯＣ認証がブランド化して、なんでもＡＯＣマークをつければ売れるとなれば、逆に信用はなくなる。実際、そういう時期もあった。だからチーズの場合は、牧畜地域から牛種、製造法、熟成法まで非常に厳しい基準を設けた。それを遵守しながら昔ながらの味をまっとうできたものにＡＯＣのマークがつけられる。ユベールじいさんは、その立ち上げからかかわっている三代目の会長だった。

実はユベールじいさんに会うまでには伏線があった。視察でヨーロッパに渡る半年ほど前に、「乳業ジャーナル」という雑誌の二十五周年記念講演会のため東京に行った。そこで会ったのが、ユベールじいさんの元秘書で、フランスのＡＯＣ組織の事務局に勤める女性だった。栃木県の御料《ごりょう》牧場へのバスツアーで話し相手をしていたら、どうやら僕を気に入ってくれたらしい。「パリに来たら電話しなさい」と言ってそのときは別れたが、半年もせずその機会が訪れた。彼女を介して、フランス東部アルザスのコルマールという街の郊外にあるエコミュージアムで、ユベールじいさんに会った。

エコミュージアムとは、その土地に受け継がれてきた自然や文化、生活様式を保存・展示する博物館だ。二百年以上前、産業革命以前の家屋や農機具を集めて、当時の生活を再現している。そこにあるレストランでは当時の食事を出していた。彼がなぜわざわざそんな所を待ち合わせの場所に指定したか。くどくど説明はしなかったが、つまりは「産業革命以前の文化が、われわれの食文化の原点だ。それをおまえは理解できるか」ということだった。

相手は威厳に満ちた哲学者のような風貌《ふうぼう》だ。僕は緊張しながらいろいろしゃべった。「おまえはなぜ日本から来たんだ?」「本物のチーズを求めて来ました」。米国のチーズマスターが昔ながらの手づくりチーズの味にはかなわないと言っていたことを伝えた。「で、おまえは日本で何をやっているんだ?」「北海道の新得という所で牛を飼い、チーズづくりの研究をしています」

そこで終わればいいものを、「実はそこにいる人の半分は、いろいろな障害や悩みを抱えて来た人なんです」と言ってしまった。話しながら、まずったと思った。「そんな中途半端な気持ちで本物のチーズをつくるつもりか」といさめられるかなと思ったのだ。すると彼は「そうか。それならば教えてやろうか」と口にした。えっ？「本物のチーズはどういうものか、説明に行ってやろうか」と言ったのだ。感激した。「ぜひ、ぜひ、来てください」

「産業の機械化によって壊されてしまった味がある。しかし、われわれはこんなにも厳しい基準を設けて伝統の風味を守っている。それが本物ということだ」とユベールじいさんは教えてくれた。

彼が「それならば教えてやろうか」と言ったのはなぜだろう。もしかしたら、僕が社会の弱者を抱えながらやっている姿勢に、やはり最も弱い立場に追い込まれた生産者を守ろうと尽くしてきた彼が共感したからかもしれない。

「よし、わかった。これまでの行き過ぎた近代化・工業化が、人間本来の在り方を踏みにじろうとしている。おまえが傷ついた人間とともに、必死にそれを守ろうとしているのなら、行って本物のつくり方を教えてやる」。そんなふうに考えたのではないだろうか。

牛乳を運ぶな！

翌年の一九九〇年、「第1回ナチュラルチーズ・サミット in 十勝」を新得町で開催し、ユベールじいさんを招いた。二日間にわたって、フランスAOCの仕組みやAOCチーズの紹介をした。そこには中央酪農会議の理解もあって、日本中から百八十人ものチーズ関係者が集まった。だが、その人数の多さがトラブルをひき起こした。

「なぜこんなにたくさんいるんだ？　私はおまえの仲間に話しにきたんだ。参加者名簿を見せてくれ」。ユベールじいさんは気色ばんだ。名簿を見せると「なんだこれは。政府関係者、中央酪農会議、大手業者がいるじゃないか。おまえは私をだましたのか」と迫ってきた。

話をよく聞くと、少し前にスイスでソフトタイプチーズを食べた妊婦がリステリア菌に感染して死亡する事故があったという。それに対して日本の農業団体が、全国紙で「輸入チーズは危ない」と注意を呼びかけた。フランス、オランダ両政府が猛抗議をしていたさなか、日本に行くユベールじいさんはフランス政府からその趣旨を問いただされていたのだ。彼はそれに対して「ミヤジマという男とのプライベートな約束で行く」と話してきた。それなのに、これはプライベートなんてものじゃない。おれはもう帰る。そう言って怒っていた。

これはまずい。そこで僕は居直った。「それは知りませんでした。しかし事故はフランスで起こったわけではありません。フランスのAOCの仕組みがいかに衛生管理に重点を置いているか、このサミットは日本のチーズ関係者全員に伝える絶好のチャンスですよ。だって、みんなフランスのチーズの話を聞きたくて来ているわけですから」

彼はニタッと笑った。翌日の会議ではすごい力の入れようで話をしてくれた。「本物のチーズは自然の賜物《たまもの》と人間の工夫により生まれ、経済性の追求、機械化の結果できるものではない」。ユベールじいさんは条件の不利な土地で本物のチーズを守ってきた人々に畏敬の念をこめて語った。僕は首の皮一枚でつながった思いだった。

会議を無事終えて、学舎の特産物加工研究センターにユベールじいさんを案内した。そこを見て彼はきいた。「ここで私が言うチーズをつくるのか?」。それは「ここではつくれない」という意味だろう。即座になんの裏付けもなく「いや、新しいチーズ工場を造ります」と言いきった。そして逆に「あなたが言うような本物のチーズをつくるために、いちばん大切なことは何ですか？」ときいた。即座に返ってきた答えは一言だけだった。「牛乳を運ぶな！」

えっ？　ちょっと待て。運ぶなとはどういう意味だ？　北海道では一九八一年からバルククーラーを各戸に設置し、タンクローリーで集乳しなければ生乳の出荷はできない。それに逆行する提案だった。理由は二つ考えられた。

一つは、ほかの牧場で搾った牛乳を運んでくるな、自分のところで搾った牛乳だけを使え、という意味だった。それによってトレーサビリティー（追跡可能性）が確保できることになる。これは衛生管理上、重要なことだった。

もう一つは、機械（ポンプ）を通すなという意味だった。電気で動くポンプを通すと、牛乳がもっている電位を奪う。すると、牛乳の中のカルシウムが酸化して、塩化カルシウムなり工業製カルシウムを入れないとチーズに固まらない。牛乳を劣化させるその工程を入れてはいけない、ということだ。[*1]

日本の衛生感覚とは隔たりがある。しかし、自然の発酵作用の極意を踏まえた、筋の通った助言だった。発酵させたものは安全という前提のうえに成り立った製法である。科学的な裏付けうんぬんの話ではなく、チーズづくりの何千年にわたる歴史が証明している。日本の漬物と同じだ。安全性を疑わずにみんな習慣的に食べている。

じいさんの一言を聞き、パッとひらめいた。乳を運ばなくて済む牛舎、搾乳室、チーズ工房のイメージだ。すぐに設計図を書いた。牛舎とチーズ工房を接近させて、搾乳室から床を下げてチーズ工房をつくる。パイプをつなげると高低差で牛乳が流れていく。ポンプを使わずに牛乳を移せて、牛乳を痛めずに済む。衛生管理にもアイデアがあった。

これは借金をしても実現するべきだと思った。メンバーたちも賛同してくれた。自分の頭にひらめいた自然に沿う生産の仕組みがうまく機能するという確信はあった。しかし、もう一つ、確証がほしかった。自分のイメージを確かめるため向かった先は、南米のペルーだった。

ペルーのクスコを中心に、十六世紀スペインに滅ぼされるまで南米アンデス地方に栄えたインカ帝国。その繁栄を支えたのは武力ではなく、農業技術だという話は以前から聞いていた。単位面積当たりの収穫量は科学農法の比ではないという。標高二千メートルの高原・山岳地帯で、どうしてそんなに効率のいい農業ができたのか。その謎と自分のイメージした仕組みに共通点を発見できれば、投資にゴーサインを出そうと決めていた。

マチュピチュ、ワイナピチュ、サクサイワマン、マイナピチュ、オリャンタイタンボ、ナスカ、プーノ…。三週間でインカの遺跡を片っ端から見てまわった。僕はインカの抜きんでた農業技術をはっきりとイメージすることができた。ポイントは石、太陽の光、水の三つだった。[*2] 僕は僕なりの確証を得ることができた。これでいける！

僕はギアをニュートラルからドライブに変えて、思いきりアクセルを踏んだ。

ここで決断して実行しなければ

乳を痛めないチーズ工場のアイデアを最初に評価してくれたのは、大手のナチュラルチーズ研究所の所長さんだった。意を強くしてその利点を生かせるチーズづくりをめざした。ポンプを省き、乳の劣化を防ぐと雑菌の増殖を抑えられる。そのことで熱処理を最低限にできる。これは微妙な味を追求するうえでは非常に有利だ。一方で乳の中にあったカルシウムを最大限利用することができる。またポンプは搾乳パーラーで一回通るだけで、二次汚染の温床となるポンプを使わないから衛生管理がしやすい生産システムになっている。

小さな工房ではこのようなところを工夫することで無駄を省き、コストを軽減し、高品質なチーズづくりが可能になる。そうしなければ、工業化された大工場生産と競争することなどできない。もちろん、機械を使わないだけ手仕事を要する。つまり学舎のメンバーにうってつけの作業ということだ。手仕事の労働価値は味によって表現されるのだ。

問題は資金だった。一億円を超す建設費は、借金で賄わなければいけない。しかし、思わぬ横やりが入った。この事業計画に父が反対したのだ。借金をしてまで事業を起こすことは共働学舎の福祉の理念に反する、という理由だった。

共働学舎は「自活」をうたってはいるが、結局、支援者からの寄付に依存した体制で成り立っている。僕は「ここで決断して実行しなければ、これまでの構造は変わらない。借金をしてもいいから、自分たちで働いたお金で生活できるようにしたい。自分の子どもたちの教育費ぐらいは自分たちで稼ぎ出せる生産力をもちたい」と主張した。

父は反論した。「共働学舎の前例をよく見てみろ。そんなことは不可能だ。ましてや借金をして利息を払いながらなどできるわけがない。だから、これまで寄付を集めてやってきたのだ。正しい生き方をしていればこそ、寄付は集まるんだ」

父は実際に何千万円も寄付を集めていた。それは事実で、文句は言えない。ありがたいと思っている。だけど、自分たちが生きがいをもって生き、学舎を継続的に営んでいくためには生産力が必要だった。議論は平行線だった。

父は新たに「共働学舎運営委員会」なる組織を立ち上げ、いかなる事業も委員会の承認なしに立ち上げることはできないとする規則をつくった。自分の息子ゆえの優遇はしないという潔癖なまでの正義感が、逆に強いブレーキをかけさせたようだ。

委員会で僕は事業の必要性を力説した。委員は当然、父親寄りだった。しかし、中に企業の社長や事業家もいて「面白いじゃないか。やってみたらどうか」と言いだして、結局承認されてしまった。僕の考えと計画に運営委員会が逆にお墨付きを与えてしまったのだ。

一九九一年、新得町の助力もあり、畜産基地建設事業として約八千万円でチーズ工房を建てた。さらに一千百万円で牛舎を、二千百万円で搾乳室を自分たちだけでトンカチやって完成させた。

チーズ工房の半分は国と道からの農業補助金、残り半分の八割は農協関係の信連から借り、二割は新得町が補助してくれた。それに過疎地域振興資金や施設拡充資金など低利の融資で集めたが、千百二十万円足らない。父の共働学舎が頼りだったが、「お金は無利子で貸す。しかし保証人にはならない」と突っぱねられた。

そこに手を差し伸べてくれたのは、新得町の佐々木町長だった。町が債務保証をしてくれたのだ。ありがたかった。翌九二年二月には搾乳牛を新牛舎に移して、新生産体制がスタートした。

「チーズの味の八割は原乳の質により決まる」と言われる。だから原乳の劣化を防ぎ、乳の質を高く維持するよう牛舎や工房を設計した。だが、配置図には難題が潜んでいた。牛舎とチーズ工場が二十三メートルしか離れていない。保健所は「悪臭、ハエ、汚水の管理ができないだろうから五十メートル以上、牛舎と食品工房を離すように」と言う。「その三つの課題をクリアしなければ許可できない」と言うので「クリアできる」と答えた。「どうやってやるんだ」「炭と微生物でやります」「誰かほかにやっているのか」「やっていません」

そのときの保健所の所長さんの答えは「じゃあ、やってごらん」。僕を信用してくれた。保健所の所長さんは、地域の精神障害をもった人たちの管理者でもある。彼らを抱えて苦労している共働学舎を応援してくれて、彼自身がリスクを負ってくれたのだ。[*3]

チーズづくりはアートだ！

次に必要なのは、質の高いナチュラルチーズをつくる技術だ。ユベールじいさんに紹介してもらったフィリップ・イブランド氏というチーズ製造コンサルタントをフランスから招いて、できあがったばかりの工房でナチュラルチーズ製造技術講習会を開いた。小規模工房をめざす者が全道、全国から二十人ほど集まって、熱心にフランスのチーズづくりの技術を学んだ。

チーズづくりを教えてもらうというときに、日本人はマニュアルを求めがちだ。最初にイブランド氏に教えを請うたとき、参加者があまりに「何度ですか」「何分ですか」「どれだけの量を入れるんですか」といった数字をこと細かに聞くものだから、彼は腹を立ててしまった。ポーンとレシピをたたきつけて「チーズづくりはマニュアルじゃない。チーズづくりはアートだ！」と言い放った。

もちろん、彼もマニュアルらしきものを持っている。しかし、見ているのはその標準値ではなく、目の前の乳の固まり具合、乳の温度だ。それも温度計の目盛りが示す温度ではない。たとえば乳を固めるレンネット（凝乳酵素）を入れる酸度をpHメーターに頼ることはしない。点滴しながら色の変わり具合を見る。色が付きだしたところで測って「これは酸度何度です」と言う。数字ではなく、中で働いている微生物の動きを察知しろということだ。計器の誤差もあれば、環境の違いもある。数字を正確に測ることの意味はさほどない。そこで微生物と呼吸を合わせ「そろそろOKだな」となる。レンネットを投入して液体から固体になる十〜十五分前後の「フリーズタイム」を見極めるのも重要だ。慣れてくると指を入れるだけで、もうすぐだなとわかるが、パッと固まる瞬間を逃すと、あとはもう読めない。一定量のレンネットを入れてから、何分でフリーズタイムが来たか、固まりだしたかを知ることで、今日はカッティングまでの時間を長めにとろうといった製造工程のスピードが決まる。

その感覚を微生物と語り合いながらつかむ必要がある。語り合うとは型や計算を超えたやりとり、ほとんど感覚の世界だ。機械づくりと手づくり、加工業者と職人の違いはそこにある。機械づくりは、微生物とではなく、マニュアルや工程と語り合っているのだ。

自然の法則にしてもそうだろう。黄金比やフラクタル（部分と全体が同じ形になる自己相似の構造）が美しいといって、それを数値化して描いていけば美しいものができるかといえば、そうではない。自然にゆだねて揺らぎが入ったとき、実に美しいものに行き着いた。それを解析したら黄金比でできていたということだろう。自然の仕組みは決してマニュアル化できない。

ユベールじいさんに「この十勝にいちばん合っているチーズは何か？」ときいたら、「ラクレット」と即答した。半年以上も寒い冬の状態だから温かいチーズ料理として使える。比較的、製造は難しくはない。まだ日本に普及していない。そんな理由から出た答えだった。

ラクレットというのは、アニメの「アルプスの少女ハイジ」に出てくる頑固じいさんが暖炉の前で溶かして食べていたチーズだ。お話ではヤギの乳でつくるが、僕らは牛乳でつくる。講習会で初めてラクレットをつくった。しかし日本人はラクレットなんていうチーズを知らない。だから全然売れない。

フランス人講師みずからラクレットをお披露目しようと、帯広のデパートで試食会をやったことがある。珍しいから最初はわっと寄ってきた。しかし、塩水などで洗って熟成させるウォッシュタイプと同じ菌が働いているから、特有のにおいがする。温めるうちに濃厚なにおいが漂いだしたら、みんなすーっと引けていなくなった。真っ青になった。何人か残っている人に食べてもらったら、「おいしい！」。みんなまた戻ってきてくれた。

一九九〇年に始めたナチュラルチーズ・サミット、九二年に始めた技術講習会はその後毎年開催し、本場のプロの指導を受けながら十勝の手づくりチーズは歩みを進めていった。米国産チーズの本場ウィスコンシンからも来てもらったことがある。「小規模でも高品質で付加価値の高いチーズを生産・販売していくのがウィスコンシンの姿勢だ」との言葉に、歴史は浅くともフランスと同じ姿勢が見て取れた。

一九九四年には日仏財団からの補助金で、酪農家の奥さんとか女性たち七人がフランスのアルプス地方のチーズづくりを視察に行った。ジットと呼ばれる小さな農家のようなところに泊まりながら、おばあちゃんが趣味でつくる様子などを見て「手軽にチーズはつくれるものだ」と十勝で小規模チーズ工房がはやったこともあった。

こうした積み重ねがあってこそ、二〇〇五年に帯広で開催したチーズの国際会議「コミテ・プレニエ・フロマージュ」につなげることができたのだ。

完全にオーバーワークだ

チーズができはじめたから、もう一度、ユベールじいさんに来てもらった。「おお、できたか」。一億円かけたチーズ工場建設なんてマユツバだとも思っていたらしい。来てみたら、ちゃんと牛舎まで新しくなっている。「そうか、おまえたち、やったんだ。ところで、牛舎はなぜ、においがしないんだ?」ときいてきた。さすがすぐに気がついた。「炭と微生物を使いました。牛床が発酵していて、それが外から来る病原性の菌に対する抵抗力を発揮します」と答えた。「この発酵原理は、フランスの無殺菌乳でつくるチーズから学びました」と付け加えることも忘れなかった。

彼は一緒に工場に入って作業の様子を見ていた。それから「私が東京に行くときについてこい」と誘われた。飛行機の中で彼は「あのチーズ工場長では、おまえがめざしているチーズはつくれないよ」と繰り返した。

工場長は六千五百万円を超す借金返済の計画を自分なりに計算して、「フランス系のチーズでは売れない。売りやすいイタリア系のモッツァレラチーズをつくらないと経営が成り立たない」と主張していた。「そのためには手づくりではなく、機械の導入が必要だ」とユベールじいさんに直接話したのかもしれない。工業化は僕のめざすものとは逆方向だ。「おまえの腹の決めどころだ」とユベールじいさんは言う。でも、十年間育ててきた工場長だ。その首を切ることなんか簡単にできない。

しかし、工場長は工場長で自分の将来を考えていたようだ。ほどなく学舎を去っていった。代わりの工場長は僕しかいなかった。現場でチーズをつくりながら、若いメンバーを鍛えていった。三年間はびっちり工場に入っていた。作業をしているのは、高校出たてでチーズ職人をめざす若者や暴走族上がり、統合失調症のメンバーだった。

チーズをつくってはいるが、僕は外を回れない。営業できないから売れない。今から思えば、よくしのげたなと思う。そのとき、学舎のチーズを正式に商品として扱ってくれたのが、帯広のレストランのマスターだった宇佐美さんだった。亡くなったエイジの導きで、僕らはそのレストランに行き、本物のチーズに初めて出会ったのだった。

僕はチーズづくりに没頭した。六千五百万円を超える借金をどうにか返済しなければいけない。肉体を酷使し、精神的なストレスが重なった。若いメンバーは微生物などを使った生産システムのマニュアルは覚えているから仕事はできる。でも要点を理解していないと、いざというときに対処できない。衛生管理上、かなり危ない状態だ。障害者らがやる牧場でつくったチーズが衛生的に大丈夫なのかとも言われていた。だから僕は陣頭指揮をして気を張っていなければならない状態がずっと続いていた。無理が無理を呼んだ。完全にオーバーワークだった。とうとうもたなくなって、狭心症の発作を起こした。

三回目の発作を起こしたとき、「もう肉体的に無理するのはやめよう」と思った。朝の搾乳は任せることにして、チーズに集中するようにした。それで体が少し楽になった。

しかし、三年間は必死でチーズをつくっても売れない。四年たっても売り上げが伸びない。借金の返済計画は遅れる。父親からも共働学舎の運営委員会からも責められる。そのころが心身ともに、いちばんきつかった。ちょうど厄年のころだった。

受賞で救われた

運命が転換したきっかけは、一九九八年の中央酪農会議主催「第1回オールジャパンナチュラルチーズコンテスト」だった。工場ができて六年目の二月だった。僕はもてる力を注いでつくったラクレットを出品した。

結果発表の日、僕は東京にいた。ちょうど運営委員会が開かれ、各地にある共働学舎の運営計画を検討していた。そこでギリギリと絞り上げられていた。

運営委員会には当然、親父もいた。「おまえは反対を押しきってやった。それなのに借金返済も計画どおりにいっていないではないか。いわんこっちゃない。どうするんだ！」。がんがん責められているときに「ちょっとすみません。コンクールの結果を聞きにいってきます」と言い残して、有楽町の会場に向かった。

会場のホテルに着くと、「おまえのチーズ、決戦に残っているぞ」と言われた。相手は岡山県の吉備高原にある有名な吉田牧場のラクレットだった。ラクレット同士の対決だ。決戦の審査の場に入れない僕は、ただじっと待つだけだった。

「発表です。金賞、吉田牧場のラクレット。金賞とグランプリは、共働学舎のラクレット！」

ええーっ？　金賞とグランプリ、どう違うんだ？　金賞はソフトタイプ、ハードタイプ、ウォッシュタイプの三部門にあった。ハードタイプ部門の金賞は吉田牧場と共働学舎のラクレットで同点だった。異例の決選投票をしたら、共働学舎がグランプリに選ばれたということだった。とうとうやったー！　僕は涙を流していた。

周りはそんな僕を見て「チーズづくりに真心をこめる、なんて純粋な人なんだ」と胸打たれたようだった。違うのだ。多額の借金に切羽詰まっていて、さんざん責められた会議を抜け出してきたら、金賞とグランプリ。「これでどうにかなるぞ！」という世知辛い涙だった。

すぐに取って返して運営委員会の場に戻った。静かに席に着いた。「どうだった？」。あくまで冷静に「いや、金賞をいただき、グランプリもいただきました」。みんな、シーン。「よかったね」と言ってくれた人もいたが、声を出す人はあまりいなかった。十数人いた運営委員会の中には僕を応援してくれた事業家の人たちも何人かいて、その人たちはにんまりしていた。

それから巻き返しをはかった。ラクレットを中心に徐々に売れるようになり、カマンベールも売れはじめた。コンクールで賞を取ることは経済的に大きなメリットがある。やっていることは同じでも、それが認められて初めて消費者が商品の価値に気づいてくれる。売れるようになれば生活ができる。チーズがつくれる。

受賞で救われた。「フランス流の濃い味のチーズをつくったって売れないよ」とみんなに言われていた。でも「それしかない」という僕の確信は間違っていなかった。ユベールじいさんに教わり、フランス人技術者に教わりながら仕上げてきたラクレットが認められた。本当にうれしかった。

いつまでコピーをつくるんだ

時とともにチーズづくりのメンバーも変わっていった。ケイスケとケンイチ。高校を出たばかりのケイスケは「本物の味をつくりたい」と語っていた。学舎に来て三か月後には、二人を連れてフランスへ視察に行った。二週間ほど回って、現地の小さな工房に二人を突っこんだ。言葉は通じないから見よう見まねだ。でも二人とも、もともとが好きだから、すぐに勘をつかんだ。

帰国してケンイチには白カビのカマンベール、ケイスケにはラクレットをやらせた。二、三回やると商品になるまで仕上げてしまった。それからケイスケはぷいとアジア放浪に出かけて、しばらく戻らなかった。インド、中国、パキスタン、アフガン、トルコ…。自分がこれからどうするかいろいろ悩んだらしい。ある日、電話が来て「戻っていいですか?」「おう、帰ってこいよ」「本当にいいんですか?」「おまえはどうせ帰ってくると思っていたから」。彼は戻って、自立していくまで新たな商品づくりに取り組んだ。

納得できるようなカマンベールチーズがつくれるようになるのに数年を要した。「雪」と名づけた白カビのカマンベールタイプが仕上がった。それを持って僕はフランスにいるユベールじいさんに会いにいった。「雪」を見せると、口にして「うーん、エクセレント！」。AOCチーズ協会のトップが「エクセレント」と言った。すごい。やったー。

ところが、すぐあとに付け加えた。「これだけの技術があって、おまえはいつまでコピーをつくっているんだ？」。つまり、カマンベールタイプはフランスでできたチーズだろ？　それは確かにうまくつくれるようにはなった。それだけの技術をもって、なぜいつまでもほかのまねをしている、というわけだ。原産地呼称は、その土地の環境とそこに住む人の工夫によって生み出された個性を守るための認証制度だ。他国の有名な製品のコピーでは「本物」にはならないという強いメッセージがあった。

そんなふうに言われるかもしれないという予感があった。だから、その白カビチーズをつくるときに、北海道産の笹塩を使い、表面に笹の葉三枚をあしらったオリジナルのチーズをつくって、それを隠し持っていた。だから、じいさんからそう言われたときに間髪入れず、「これでどうですか」と差し出した。

そのときの彼の驚きとうれしそうな顔は忘れられない。じいさんは「ん？」と言って、そこからはプロの目だ。「そうか」と言って、ぽんっと切ってちょっと見て言った。「この葉っぱは白カビを増やすのか？」

あれ？と思った。僕は寿司や刺身に使う笹には抗菌効果があるから菌を抑えると思っていた。ところが「増やすのか」と言う。よく見たら、白カビが厚くマット状になっている。すると、白カビが出す酵素が多いから、カビの下側が溶けだして液状になる。そうなると、ちょっと苦みが残る。それをぴしっと指摘されたのだ。師匠の眼力はおそろしい。ごまかせない。

言われて気がついた。そうか。この笹の葉と酵素、白カビは相性がいい。白カビは善玉菌で、抗生物質を出しているから雑菌を防ぐ。ところが、それが多すぎると苦くなる。安全だが、味を壊してしまう。そのバランスがとれていなかった。

そこで白カビから出る酵素を減らすため、笹の葉を一枚にしたら、その欠点がなくなった。コピーから脱却した第一号が、その「笹ゆき」だった。

今度はヨーロッパ？

中央酪農会議が主催するナチュラルチーズコンテストに来ていたフランス農務省のジェラール・リポー氏が、十勝を見たいと北海道に来た。ユベールじいさんから共働学舎の話を聞いたらしい。牧場を案内した。二〇〇一年の十一月だった。

放牧地も見たいと言う。「もう雪が積もっていますよ」「かまいません」。つるつる滑って、もう登れないところまで行った。「ここもそうだけれど、この先にもずっとあります」「じゃあ、見ましょう」と言ってまた歩きだした。革靴だから少し歩くとずるっと滑った。「ずいぶん急ですね」と言うから「傾斜は二十度以上あると思う」と応じた。「この時期でもう雪ですか？」「そうです」「いつまで雪が降りますか？」「十一月の終わりから四月まで」「半年も雪の下ですか。厳しいな。標高は？」「二百四十メートル」「でもこんなに寒いんですね」「マイナス三十二度まで下がったことがあります」「そんなに！　内地の標高でいったら、ここはどれぐらいの植生でしょう？」「七百メートル以上の植生がありますね」。このほかにも本州との比較や海からの距離などいろいろきかれた。最後に「ふむ。あなた方はエントリーする資格があります」。

えっ？　何に？

来年秋にイタリアで開かれる「第1回山のチーズオリンピック」に出品しろ、というのだ。彼はその理事で、エントリー条件に合うかどうかを見極めに来たらしい。傾斜。寒さ。標高…。ＯＫ、合格だ。米国から帰国直後、入植先の新得町でまず驚かされたこの急斜面が、こんなかたちで自分たちにチャンスをもたらしてくれるとは──。「日本では確かにトップの賞を取ったけれど、ヨーロッパですか？」。準備は全然していない。しかし、僕にバックギアはない。「行きます」と答えていた。

ヨーロッパの山には非常に不利な条件でチーズをつくっている工房がたくさんある。機械を使わずに昔ながらの方法でつくったそのチーズはたいへんうまい。コンテストはそれをアピールして付加価値をつけようという狙いだった。本当に自然と一体になってつくっているものが「山のチーズ」の定義だ。だからこそ厳しい条件が課されていた。

多忙だった僕の代わりに、ケイスケが自分のつくったラクレットを持っていった。ところが、輸送したチーズが温かい場所に置かれたのか、当日会場に出てきた自分のチーズは酪酸発酵で膨れて亀裂が入り、審査に値するものではなかった。大恥をかいて、参加賞だけもらって帰ってきた。会場では本格的パーティーの服装が求められ、イタリアの農務大臣があいさつに立ち、ヨーロッパの生産者が生活をかけてしのぎを削っていたという。

これでは収まらない。リベンジしようということになった。

何が起こってるんだ？

翌年の会場はフランスだ。出品の条件は商品として売られているもの。つまり、日本で売れるものでなければいけない。コピーはだめだ。

じゃあ、日本独自のものをつくろう。日本で売りやすいものは何だ。カマンベールは大きすぎて売りにくい。もっと小さくしよう。それで柔らかいテクスチャー、ほわっとした舌触り。それは酸凝固でヤギのチーズのつくり方でやろう。なんとかうまくできてきた。

しかし、これはフランスのサンマルセランのコピーと言われる可能性がある。何か日本らしさを出すものはないか？　笹を付けて個性を出した経験はあるが…。

工房の外に山桜が見えた。これだ！　桜だ。新得町の町木が山桜。ちょうどいい。

周りに桜はいっぱいある。「よっしゃ、これを使おう」。自然の葉を衛生的に使う技術は笹の葉で獲得している。桜の葉を衛生処理してチーズに載せておく。十日もたつとほのかな桜の香りが移る。これはいける。ところが、それ以上置くと渋みが出てくる。取り除く。すると、やっぱりサンマルセランのコピーに見える。これはしゃくだ。

僕はお茶屋に走った。「さくら湯に使う桜の花の塩漬けはない？」。これを載せたらどうか。ケイスケはいやだという。なぜだ？「おれはさくら餅をつくってるんじゃない。チーズをつくってるんだ」と怒っている。やはり職人だ。「いいじゃないか。これで日本らしくなるじゃないか」「いやだ」。フランスに送る期限の二日前になって「どうした？」ときいた。「載せてみた」「どうだ？」「これはいいよ」。このやろう！

塩が利いているから、花からは香りがあまり移らない。だから香りは葉っぱから付ける。付いたら葉っぱを外して花びらを載せた。そうすると、白い粉を吹いたチーズに桜の花が咲いて美しい。花の香りと風味がちょっと残る。日本の食文化とチーズの融合だ。このタイプのチーズは青カビが出てもＯＫだ。青と白と赤でフランスの三色国旗。ちょうどいい。名前はずばり「さくら」。ぽんと送ってしまった。

発表の日。そろそろうちの白カビソフト部門だなと聞いていたら、「ブロンズ、フレンチ、ルブロッション！」とアナウンス。フランスが銅賞か。じゃあ、もうだめだなと思った。フランスチーズの上にいけるわけがない。

ダルジャンというのが銀賞だ。「ダルジャン、ハポン、サクラ！」。歓声が上がり、周りが拍手している。みんなも驚いている。聞き間違いかなと思った。「おまえだ、おまえだ」と言われて、えっ？　おれ？　ポーンと押されるようにして銀メダルをもらいに行った。金賞はスイスの人だった。

周りも本人もびっくりだ。だけど、銀賞でよかったなと思った。金賞はヨーロッパのチーズだったから、彼らのプライドも保たれる。みんなから「日本でこんなチーズをつくることができるとは思わなかった」と絶賛された。

日本に戻って冷静になると、ケイスケと「銀賞だぜ。何がまずいんだべ？」と欲が出てきた。うーん、もしかしたら青カビが邪魔かもね。青カビが出てくると、ぴっとした辛みというか刺激味が出てしまう。これは合わないかもな。

青カビが出ないようにやってみるか。一年かかった。二〇〇四年、第3回山のチーズオリンピックはスイスのアッペンツェルで開かれた。今度は青カビがないから、白と赤。日の丸とスイス国旗だ。うまくできている。

そこでは改良した「さくら」を「アロマを付けたソフトタイプ」部門に出品した。そして、なんと金賞とグランプリをいただいた。しかも、三つ選ばれたグランプリの中でもトップの評価だったのが「さくら」だった。

みんな、驚きを通り越して「何が起こってるんだ?」という空気だ。僕も興奮して何があったかよく覚えていない。最後まで僕らは残らされて、君が代斉唱と日の丸掲揚が始まった。よく用意してあったなと思う。僕らの前にはフランスとスイスの国旗が揚がっていた。

ほかのヨーロッパの生産者は、祝福と同時にライバルとして認識したことをはっきりと伝えてきた。授賞台で、銅賞受賞者のベルナールという僕の友人で、フランスのブルー・ド・ジェックス生産組合の親玉が握手を求めてきた。

「よかったな。おまえは金賞を取れるつもりで来ていたのか?」「いや、とんでもない。ラッキーだ、ラッキー」。手を放さない。彼は言った。「来年も来いよ」。つまり、勝ち逃げはなしだぞ、と。「わかった、わかった。来るよ」

おまえにはミッションがある

最後に彼が言ったのは「おまえにはミッションがある」ということだった。ミッション？　使命って何だ？　最初に言われたときはわからなかったが、あとで考えたら思い当たった。

彼らは国の補助を受けながらも自分たち自身が出資して、生活をかけてこの品評会を開いている。自分たちが手間暇かけてつくった食品は絶対おいしいという自信がある。しかし、「グローバルスタンダード」を掲げた米国が、世界中の食糧を工業化している。その波がヨーロッパ市場をも侵食している。

米国に独り勝ちはさせない。そのためにみんなでアピールしようと始めたオリンピックだった。ヨーロッパ諸国もEUもそれにお金を出して、文化が産業と手を組んで土地に根づいていくよう後押ししている。

グランプリを取ったおまえは、そういった価値観をきちんと日本とアジアにも伝えていく使命があるぞ、というわけだ。「わかった。おれは絶対にやる」。そう言って帰ってきた。

チーズ後進国のチーズを公平にジャッジしてくれたと同時に、積極的に僕らを取り込んでくれた意味は何か。

それまでのヨーロッパの認証制度の切り口と異なり、経済的に不利な地形という条件ならば、ヨーロッパ以外からでも出品が可能になる。そして、彼らの価値観が日本でも共有されていることを世界中にアピールできる。工業製品ではない、歴史あるチーズのような質を重んじたネットワークを世界に広げたかったのだと思う。

確かに、これまでの工業化中心の経済優先主義は、人間の生活を真に豊かにする方向には導かないだろう。経済というのは道具だ。その土地に根差して生きている人たちの生活がいちばん重要なのだ。その重要な生活を保つ仕組みを、やはり別の経済で表現していかなければいけない。

翌二〇〇五年、帯広で開催した国際会議「コミテ・プレニエ・フロマージュ」では、そういったヨーロッパチーズの当事者の価値観を日本の酪農家、乳業者らが吸収する良い機会になった。ヨーロッパ各地で開催されるときは農林大臣が出席するほどの権威ある会議が、EU圏以外の地で開かれたのは初めてだった。

おりしも牛乳が過剰になり、チーズ生産に酪農界全体が力を注がなければならないときと重なっていた。これは、ヨーロッパでチーズだけではなく、広く食品や文化を視野に入れて広がってきた価値観を日本と共有したいということだろう。日本はアジアの入り口だ。フランス人はあまりスローフードという言葉を使わないが、同じ価値観に立脚した活動をアジアにも広げようという意志の表明と感じた。

その年の秋、第4回オリンピックはイタリアのベローナで開かれた。こっちはディフェンディングチャンピオンだから、気合いを入れて送った。しかし、審査前日に状態を確認しに行くと、体育館のような場所で冷蔵もなしに一週間以上放置されていた。新商品「酒蔵」もカピカピになっている。「さくら」はもっとひどかったから捨てたという。

怒り心頭に発して、スイスやフランス、カナダから来ていた知人に「こんなことがあったんだ」と言いまわった。「たいへんだったな」と慰めてくれたが、最後は「でもまあ、イタリアだからな」というジョークで会話は終わった。スイスのときもフランスのときも、全部コントロールしてくれていた。イタリアは千八百も集まってしまったものだから、管理しきれなかったのだろう。

受賞作品はイタリアばかりだった。もうだめだとあきらめていたら、最後に僕とカナダが呼ばれ、「国際チーズ特別賞」を受賞した。なんだ、これっ？　でも、もらうものはもらっておこう。最後に仰々しく表彰された。

会場のブースで自作のチーズを紹介したら、人だかりになってしまった。「このうまいチーズはどの賞を取ったんだ？」という話が事務局まで届いてしまった。それで何か賞を出さざるをえなくなったのではないか。

二〇〇七年はドイツのオバーストドルフで開かれ、「さくら」が金賞、「エメレット」が銀賞を受賞した。エメレットはエントリーする前に、ユベールじいさんに試食してもらった。「おまえはいつもサプライズを持ってくる」と絶賛してくれた。名前をきかれたから、「月のいたずら」と考えていると言ったら、「やめろ」と必死に止める。ヨーロッパで月のイメージは、狼男、ドラキュラ。そして太陰暦。日本なら月といえば、かぐや姫、お月見なのに。郷に入っては郷に従え。日本では「月の贈りもの」としたが、ヨーロッパに持っていくときは、エメンタールチーズとラクレットを交ぜた「エメレット」と命名した。*4

こびちゃだめだ

「モンドセレクション」は、四十年以上の歴史をもつ世界的に権威のある食品評会だ。二〇〇六年に「さくら」が金賞、〇七年は「さくら」「笹ゆき」が最高金賞を受賞している。〇八年は「笹ゆき」が金賞、「ラクレット」は銀賞だった。これらの賞は、土や牛や微生物がもつ自然の力と一緒に、メンバー一人ひとりの内に秘められていた可能性が開花した証といっていい。

〇八年七月「北海道洞爺湖サミット」の際、国際メディアセンターで出されていた「さくら」を当時の福田首相が気に入って、ブッシュ米大統領の誕生会パーティーに出した。チーズにうるさいというイタリアのベルルスコーニ首相は、ガラディナーで「さくら」を食べて〝おかわり〟を要望した。サミットの内容は別にして、一流の食に慣れている人たちの舌にかなったかと思うと正直うれしかった。

毎年、国際的なコンテストで金賞をいただいている。何千もあるチーズから選ばれたものから、さらに厳選された中で絞りこまれていくわけだから、簡単なことではない。

コンクールへの出品を拒む生産者もいる。自分が心をこめてつくり出した味に、なぜ他人から点数をつけてもらわなければいけないのか、というわけだ。しかし、それは違う。コンクールは自分のチーズについて、消費者から「こういうふうに変えたらもっとおいしくなるよ」という意見を聞くチャンスだ。

評価法も少しずつ改良されていて、銀賞にも銅賞にも、減点した箇所についてその理由をきちんと指摘をするようになっている。そこにマーケットに合った商品づくりのヒントがある。コンクール出品は「味とは何か」「おいしいとはどういうことか」を深く考える機会を与えてくれた。

自分がおいしいと思っているだけでは自己流の味だ。それを消費者の批判に耳を傾け、みんなが認めるものにしたら一流の味になる。コンクールは、自己流を一流に昇華させるためのアドバイスをもらえる場だ。商品全体の品質の底上げに貢献しているのだ。

それは消費者にこびるということではない。矛盾するようだが、むしろ徹底的に自分の味にこだわるということでもある。

日本でいちばん売れているチーズは、味がまろやかで、舌触りがソフトなものだ。

だが僕はそれに満足できず、ウォッシュチーズのような個性のしっかりした味にこだわってきた。そんなチーズを学舎の販売担当に試食させると「こんなもの、売れませんよ」と言われる。

その点、学舎内には頼りになる相談相手がいる。序章で紹介したイチカワだ。彼は鋭い味覚をもっていて、臭みも味もきちんと識別したうえで評価をはっきり口にする。だから試作品ができると、試食してもらうことにしている。

売らんがために味を少しマイルドにすると「あ、これだめ。消費者にこびてる」と言われる。このやろう、と思うが、「ユベールじいさんに指摘されるぞ」と脅される。こびちゃだめだ。世界のチーズの中でどこを狙うのかはっきりさせろ。濃い味をつくりたいのなら、それをきちんと主張しろ。彼はそう言っているのだ。人にこびて生きてこなかった彼だからこそ、言えることなのかもしれない。

確かに「おいしい」は主観だ。味覚は一人ひとり異なる。しかし一方で、誰もがおいしいと認める本物の味がある。それをかぎ分ける舌を育てなければ、本物の味を求めるマーケットは成立しないだろう。そのためにも本物の味をつくり、提供する必要がある。

「おいしさは自然の中にありました。」

本物を見分けるのには、味やにおい、舌触り、見た目といった五感だけではなく、僕は第六感を大切にする。チーズの良し悪しを判断するときも、理屈ではなく、最初にすでにこれだと決めている。決めたあと、「なぜ、これなんだろう」と理由を考えるときに、五感で説明する。

第六感は、僕らが初めての人と会ったとき、初めての土地に立ったとき、無意識に働かせている感覚だ。自然を相手にしたときに、この第六感が最もあてになるように思う。

今は野菜づくりをしているイケちゃんが、クリームチーズをつくっていた十数年前のことだ。あるとき、お客さんから「クリームチーズの味が変わったわね」との指摘を受けた。僕はさっそくイケちゃんに「おまえ、マニュアル変えたか？」と確かめると「変えていない」と言う。「お客さんが、味が変わったと言っているぞ」とたたみこむと、「ああ、そうかもしれない」と力なく答えた。「なんで？」。その問いには何も答えなかった。

あ、と気づいた。やつは最近、彼女にふられたのだ。やけにもなっていた。まじめだからマニュアルは変えていない。でも、つくり手の気持ちがチーズの味に反映されるということはありうる。気持ちの変化が身体からの分泌物質などを微妙に変え、チーズの味を左右する微生物の発酵に影響を与えるのか。それぐらいのことが、チーズの世界では起こっても不思議はないのだ。

となると、僕らはチーズをつくりながらも、結局のところ、人の心を育てることこそが大事ということになる。本物の味をお客さんに届けるためにも、愛情をこめてつくらなければいけないということだ。やはり人為の及ばない世界なのだ。

新得共働学舎のチーズに「おいしさは自然の中にありました。」というキャッチコピーがある。なんでもない言葉だが、メッセージは深い。本物の味は見た目ではなく、舌で感じるもの。それは人がわざわざつくり出すものものではない。すでに最初から自然の中にあるもので、僕らはそれを自然に沿ったつくり方によって見つけるだけだ。そういう意味がこめられている。

さらに、チーズの包装を見ると、「wholesome foods & Natural life style」と記している。「健康食品と自然生活」。wholesomeは「すべての」「全体の」「完全な」という意味を含む。自然の世界は、すべてのものがなんらかの役割をもっているし、すべての部分が生かされている。だからこそ、全体として調和がとれ健康なのだ。

それは、人間の社会だってそうだ。社会の中でいらない人間はいない。生産性や能率でふるい分けたりせず、さまざまな人間をみんな含み込むことで、その社会は健全となり、完全になるということだ。

第4章　次の社会へ

彼らを追い詰めた原因を考えているうちに、この社会のゆがみが見えてくる。さらに彼らの望みがかなえられるよう試行錯誤しているうちに、今度はゆがみを解決するためのヒントが出てくる。つまり彼らこそ、世の中が解決できなかった問題が何なのか、その問題をどうやって解決したらいいかを指し示してくれる。だから、僕は彼らのことをメッセンジャーと呼ぶ。

いちばん必要なことをしてください

晩年のマザー・テレサと直接会って言葉を交わしたことがある。共働学舎のやっていることはよくご存じだった。そのときのマザーは非常に柔和な顔をしながら、「あなたのやっていることに神のお力、助けがありますように」とお祈りのような言葉を繰り返した。

僕は「共働学舎が少し落ち着いたら、海外へ出て難民キャンプかスラムへ行って何かしたい」と言った。すると、急にマザーの顔が変わった。

「私は、いちばん弱い立場に立っている者がいちばん必要としているものを届けることを、神の御旨だと思ってやっています。だから、食べ物の必要な子どもたちには食べ物を、安全が必要な子どもたちには安全を、そして道端に捨て置かれた人々には人としての尊厳をもって死んでいける家を用意するのです。その私が世界中を回って見て、いちばん心が飢えているのは日本の子どもたちですよ」

そして言葉を重ねた。「あなたはその子どもたちのために働いているのでしょう。食べ物を与えるよりも、安全を確保するよりも、子どもたちの心の飢えを癒すのは難しいのですよ。あなたも思い悩んでいる日本の子どもたちのために、いちばん必要なことをしてください」

マザーのメッセージは、僕の胸に深く刻まれている。

子どもらを含む「いちばん弱い立場の者」。彼らは何をいちばん必要としているのだろうか。今ある社会にそれをきいても、答えは返ってこないだろう。でなければ、心身に不自由さや不安をもつ彼らが周りの社会に受け入れられず、共働学舎に来ることはなかったはずだ。

世の中でお金も地位も名声もない彼らは、それらに頼らなくてもいい幸せを自ら見つけ出さなければいけない。何ももっていない自分がそれでも生きていく意味や理由を探し出さなければいけない。彼らにとって、それは切羽詰まった課題だ。

では一方で、お金や社会的安定が、満ち足りた一生を約束するかと言えば、そんなことはないだろう。むしろ、経済性や効率を最優先する今の社会システムの中で、多くの人たちが倦《う》み疲れ、生きる意味や喜びを味わえずにいるのではないだろうか。そして、回転を加速させていくモーターがやがて焼き切れるように、そろそろこの社会のシステムも限界に来ていることに気づいているのではないだろうか。

今の社会システムにおいては、弱い立場にあっても強い立場にあっても、人間本来の幸せを味わうことはきわめて難しい。ただ、世間的な幸せの条件を得られない人々は、それだけ切実に本質的な〝何か〟を求めざるをえない場所に追い込まれている。しかし、恵まれた人間は仕事や娯楽で日々を塗りつぶし、空虚さをごまかしながら過ごすことができてしまう。

だとすれば、こう言える。心身に不自由さや悩みをもち、家庭や職場や学校になじめず心の置き場を失った人たちは、モノにあふれたこの社会で誰もが必要とする〝何か〟を、必死に求めている存在なのではないか。社会のゆがみを一身に背負うことによって、僕らに先んじて次の社会をつくるのに不可欠なものを探しつづけてくれているのではないか。

社会がきしむ音が聞こえる

共働学舎が長野県でスタートしたのは、一九七四年だった。それから三十数年、現在、共働学舎は長野県で二か所、北海道で二か所、東京で一か所の計五か所となり、約百二十人のメンバーがともに働き、暮らしている。このうち約半数が心身の障害や精神的な悩みをもった人たちだ。

一九七〇年代には、それまでの社会制度とは別のやり方で生活する共同体が各地で生まれた。しかし、そのほとんどはやがてバラバラに解体してしまった。その中で、なぜ共働学舎は生き残ったのだろう。答えは簡単だ。社会が共働学舎を必要としたからである。ではなぜ必要としたのだろう。

共働学舎には、心の不安や苦痛を抱える人やその家族からの問い合わせが今も跡を絶たない。心の重荷から体が動かなくなった人。人の目が気になって物事に集中できない人。アルコールや薬物中毒で苦しんでいる人。彼らと日々接していると、今の社会がギチギチと激しくきしむ音が聞こえてくるようだ。

さまざまな困難を抱えながら生きていこうとするとき、そばに気軽に相談に乗ってくれる人、親身に話し相手になってくれる人がいたら、どんなに救われるだろう。近くに疲れ果てた心身を休める場、自分の在り方をあらためて見つめなおす場があれば、どれほど安心するだろう。

しかし、日本の社会では、精神的な悩みや苦痛の原因は個人にあるとみなす傾向が強い。本人や家族も何か負い目のようなものを感じている。「自分が悪いんだ」「自分が弱いんだ」と思ってしまう。そして表に出さないように、なんとか個人の問題として対処しようとする。だからこそ、病院でも福祉施設でも学校でもない共働学舎のような場が常に求められてきたのだろう。

だが一方で、そのような場が世の中の仕組みとして定着してこなかったのは、共働学舎の在り方を受け入れるような枠組みが社会の中になかったということだろう。

さまざま障害をもつメンバーが協力して働くことで自活する共働学舎は、社会福祉法人になることはなく、長らく任意団体だった。税法上の理由からＮＰＯ法人になったのは二〇〇六年だ。しかし、ＮＰＯ法人にしても共働学舎の本質にしっくりはまっているとはいえない。ＮＰＯ法人になる段階で、北海道の沼田牧場は脱退して関連牧場という位置づけになった。新得農場は、チーズの収益が突出しているので生産部門だけを従来の農事組合法人として残した。そのため一つの牧場に二つの法人が並立する不自然な形になっている。

それを見てもわかるように、共働学舎の中で僕が代表を務める新得農場は特異な道を歩んできたといえる。父の共働学舎創立時の構想は、自然の中における農業と工芸による「自労自活」を掲げている。だがそれを支えてきたのは実質上、寄付金だった。それも実をいえば、カリスマ性をもった創立者宮嶋真一郎個人への寄付がかなりを占めている。ということは、共働学舎の本質を理解し、心からその理念に賛同したうえでの支援でなければ、その個人がいなくなったとたん、メンバーの生活を支える寄付金も途絶えてしまう可能性が高い。僕はそこに危機感をもっていた。

新得農場は、寄付を受けながらも自分たちでリスクを負いつつビジネスを展開する道を探ってきた。すなわちチーズの生産だ。それが米国から帰国して日本で始まる新しい生活を前に、僕が「親父の理想を別な上り口から登ろう」と決めて選んだ道だった。寄付に全面的には頼らず、自分たちだけでせめて生活の糧を得ることが、メンバーたちの生きる手ごたえにつながるとも思ったのだ。

設立当初、たった六人だったメンバーは、今や六十人近くに増えた。二〇〇七年度は約三百トンの生乳をチーズにし、約一億円を売り上げることができた。メンバーの生活費を賄っているのは、このチーズの売り上げだ。

あなたはどう生きますか？

福祉の世界で「ビジネス」という響きを耳にするだけで拒否反応を示す人は少なくない。僕自身、新得農場で借金して事業を興そうとしたときには、「おまえは、もうけ主義に走ったか」「お金第一の価値観に取り込まれたか」といった非難と批判をさんざん浴びた。

父からは「なぜ寄付を集めないのか？」ときかれた。それに対して僕は「『私たちの考え方は正しいから』では、もはや寄付は集まらない。未来の社会を見据えた自分たちの価値観と考え方、構想をきちんと提示してこそ、人々の共感を得た本来的な支援が得られる」と答えてきた。

従来の福祉は介護に要する費用を賄うために、公私からの支援や寄付をあてにしてきた。そこに欠けているのは、ケアされる側の「生きている手ごたえ」への配慮だろう。彼らはケアされることだけを求めているのではない。それでは生きがいを得られないからだ。

実際、共働学舎のメンバーになった人たちの多くは、自分が必要とする衣食住を自力で獲得する機会をもてずに生きてきた。障害や病気を理由に世話され介護されることで、自身の能力を試す舞台に立つことを妨げられてきた。そこに本当の喜びと満足があるとは思えない。それでは決して心の飢えは満たされないはずだ。

自分のもっている力で何かを生み出す。人とかかわる。今ある社会の中で自分の存在意義を実感してこそ、生きる意味や喜びを味わえる。だからこそ、いったん社会からはじき出され、共働学舎に来た人の多くは、自信を取り戻したときに学校や職場に再び戻っていく。あるいは新しい世界へチャレンジしていく。

学舎に来た当初は多くが「なんでもしてもらっていた人」だ。しかし、朝食後、必ずきかれる「今日は何をしますか?」という問いは「あなたはどう生きますか?」ときかれているようなものだ。「内発的に生きること」を日々みんなの前で確認していることになる。

だから農場で生活するメンバーにとっては、毎日が本番なのだ。毎日が「生きていく場」そのものだ。誰もこうしろとは言わない。何もしなくても何も言われない。自分で決め、言葉にし、行動に移す。やがて少しずつ「なんでもしてもらっていた人」は、「何かをやってみようとする人」に変わっていく。自分の可能性が引き出され、それが生きる手ごたえにつながっていく。

誰でも必ずなんらかの力をもっている。だから、それを引き出すことこそ、彼らの生きる力につながるはずだ。だから僕はメンバーに言ってきた。「やりたいことをやれ。それは自分で見つけろ」「できることはやれ。余分なケアはしない」と。

生きる力を引き出すとき、必要不可欠のものがある。それは自由だ。何かをする自由。何もしない自由。徹底的な自由の中にこそ、人の能力や可能性は芽を出す。

もちろん、それは言うほど簡単なことではない。修羅場もある。学舎になじめず出ていく者もいる。時間は当然かかる。僕は人が変わるのには年単位で考えている。けれども、人と人との裸のぶつかり合いを通して、変わるはずがないと思われていた人間が着実に変わっていく。自閉症だと言われていた少年が一日中仕事をし、いつの間にかみんなの心をつなぐかなめになっている。まったく人としゃべれなかった青年が大声をあげて、冗談を言いながら場を明るく仕切るようになっている。その繰り返しで、新得共働学舎は三十年間やってきた。

僕の考えは共働学舎の理念をそのまま体現しているかというと、そうではないだろう。しかし、根本理念を自分なりに大きく理解して、次の社会が求めるかたちにしようとしているつもりだ。その理念にとどまるのでもなく、離れるのでもない。その周りを回りながら社会とのバランスをとろうとしているつもりだ。

日本は変わろうとしている

視点を世界に移してみる。共働学舎が設立された一九七〇年代、イタリアのトリエステでは、「自由こそ治療だ！」というスローガンを掲げて、閉鎖的な精神病院を開放しようとする運動が展開した。患者と市民が地域でともに生き、協力して働ける仕事場をつくることで社会復帰を促す取り組みだ。そこから発展した「ソーシャルファーム」と呼ばれる社会的企業は、やがてヨーロッパ中に広がった。今では一万以上の社会的企業があるという。

ソーシャルファームが注目されるのは、社会的な目的の実現に寄付や援助ではなく、ビジネスの手法を取り入れた点だ。その仕事には採算性が考慮されるということだ。そこには「社会的弱者には経済的自立だけではなく、人としての尊厳が必要だ」という考え方がある。

ナチュラルチーズの生産事業などで自活の道を歩もうとしてきた新得農場は、今から考えれば日本におけるソーシャルファーム的な動きのはしりだったといえる。しかし、三十年を経てソーシャルファームのような社会的企業が日本に根づくことはなかった。日本で注目されるようになってきたのは最近といっていい。

このソーシャルファームは、共働学舎の未来を構想するときの一つのモデルになりうるだろう。そして共働学舎の未来を考えることは、僕らが生きているこの社会の未来を考えることにつながると思う。

高齢化社会の中で、老齢者や障害者の介護は他人ごとではない。明日、親がそうなるかもしれない。自分もいつか当事者になる日が来るだろう。新聞やテレビを見ていると、ひきこもりや登校拒否、ニート、ワーキングプアが深刻な社会問題として取り上げられている。うつ病も急速に広がっているようだ。育児放棄や幼児虐待の話もよく聞く。ＮＨＫラジオで話をしたときも、たくさんの問い合わせがあった。チーズに関してというよりも、悩みを抱えている親からの相談が多かった。

格差が進む社会で、企業の論理は役に立たない者をどんどん切り捨てて、一方で福祉政策は財政難を理由に縮小する傾向にある。社会そのものが病んでいるとき、「弱者」とは「自分の隣人」のことであり、「明日の自分たち」のことなのだ。

二〇〇八年九月六日に開かれた新得共働学舎三十周年報告会で、僕は新得共働学舎の未来に向けた構想を訴えた。

「僕らは社会と結びついた仕事場をもって、そこで賃金をもらって自分たちの生活費を賄いたいと思う。ただし、障害や悩みをもつ人と一緒に暮らして、彼らをケアするための場所を確保する必要がある。教育費も必要だ。それは事業からの収入では賄えない。だから、その生活を支える土地や施設などに対する投資を一般の方々にお願いしたい。こうしたやり方を支える公共の枠組みは今のところない。しかし、未来に向けて行政を動かすためにも、この仕組みを定着させていきたい」

これはいわば、未来の新得共働学舎に対する「投資」のお願いであると同時に、未来の社会に対する投資の提案だ。そろそろ心身に痛みや悩みを抱えていることは個人ではなく社会の問題としてとらえ、そのための新しい枠組みをつくる時期に来ていると思う。「ゆっくり生きる生活様式」が、社会の仕組みの中に組み込まれてもいいころだ。

その際に条件反射のように「政治や行政は何をしている！」と〝おかみ〟の責任を問う声が上がる。しかし、法律や組織といった形から整えて、それに現場が従うというこれまでのトップダウン方式では、もはやこの社会が立ちゆかなくなっていることは、過去の例をみても明らかだろう。まず、弱い立場にある人たちの衣食住を確保する知識と技術を自分たちの力で探し、身につけ、草の根から状況を変えていく。その方法と実績を行政に認めさせる。そういったかたちをとらなければ、僕らの暮らしはいつまでたっても自分たちの思う方向には変わらないだろう。

三十周年報告会では、講演をお願いした元環境事務次官の炭谷茂氏が、今の日本の危機を克服する切り札としてソーシャルファームの発展を挙げ、「官よりも住民参加で」と訴えた。そして「この運動の鍵は市民とのつながりにある。市民がそれぞれ横につながって、新しい〝公〟をつくっていく。一人ひとりの市民がそれぞれ公の目的のために助け合う。運動は日本社会でこれまでなかなか形成されなかった横のつながりを得るきっかけの一つになるのではないか」と語りかけた。

いま、日本の社会は懸命に変わろうとしている。福祉行政も医療行政も、このままではもたないと危機感を募らせている。だが、既存の仕組み、価値観はなかなか変わらない。行政と現場の考え方にもギャップがある。日本は今後、劇的変化を経なければならないだろう。僕らはそういう社会に生きている。

人をつなぐ力は草の根から立ち上がる

市民が横につながって新しい公共システムをつくる。それは単なる理想主義だろうか。そんなことはない。僕らはまだまだ自分たちの中に潜む力を見つけていないだけだ。人々をつなげる圧倒的な力は、時に奇跡のように草の根から立ち上がるのだ。

僕の体験を紹介する。一九七四年、僕が日本を飛び出して米国ウィスコンシン州の牧場で酪農実習を始めてまだ間もないころのことだ。僕は牧場近くの街のバーで、牧場主の娘から友人を紹介された。実にもの静かないい男で、一緒に楽しく飲んでいた。酔いがまわってきたころだ。彼が「おれは日本の立川にいたことがある」と言いだした。彼は立川の米軍基地から二年間、ベトナム戦争に行った帰還兵だった。

「おまえはなんのために日本からアメリカに来た?」「牛の勉強をするためだ」「平和でいいよな」。つまり、おれたちが命がけで共産圏から日本を守ってやったおかげで、日本の若者がこんな所で平和に勉強できるんだろう。そういうことだった。

ベトナムであいつはこうやって死んだ、こいつはこうやって死んだという彼の生々しい話に、こちらは何も言うことができなかった。夜中の二時を回って「朝から仕事だから」と逃げるようにバーを出たときの戸惑いと後ろめたさを僕は今でも覚えている。あとで知ったことだが、彼は戦地から帰還後、社会に復帰できず、心を病んで精神病院に入退院を繰り返していたという。

当時の米国は、ベトナム戦争の事実上の敗北による挫折感に打ちひしがれていた。国内には犯罪や麻薬、貧困がはびこり、精神的な退廃が進んでいた。ひずんだ感情の矛先は、ベトナムからの帰還兵に向けられた。命をかけた戦場から帰国した彼らに浴びせられた非難や中傷は、彼らを精神的に追い込んでいく。国家は彼らを受け止めることをせず、街には精神的に病んだ若者があふれかえっていた。

ちょうどそのころだ。ウィスコンシンの州都マディソン市で、戦争後遺症によって精神病を患った若者たちをケアする仕組みが立ち上がった。ボランティアが中心となって精神病院を開放し、彼らが地域で働きながら生活できるよう走りまわったのだ。それが今では国際的に知られるようになった「マディソンモデル」と呼ばれる社会的なシステムだ。

イタリア・トリエステの運動とともに、マディソンの例は社会的な弱者が背負う社会のゆがみを新しい社会システムの構築につなげていったケースといえる。いずれもそこで大きな働きをしたのは、弱い者のそばにいた人々の献身的な努力だった。

二〇〇六年には帯広市がマディソン市と姉妹提携し、地域の精神医療ケアシステムづくりを大きな柱の一つに据えた。僕はそのプロジェクトを推進する仕事に協力している。三十数年前に米国で味わった体験がその仕事に重なっている。

あなたは人を殺しましたか?

二〇〇八年夏、一人のアフリカ系米国人が新得の学舎を訪れ、みずからの体験談を語ってくれた。『戦場で心が壊れて』(新日本出版社)の著者、アレン・ネルソンさんだ。毎年、ボランティアで米国から学舎に来る元帯広畜産大教官のマービン・ミュラー先生の紹介だった。

ニューヨーク郊外の貧困地域で、暴力に満ちた環境のなか育ったネルソンさんは、海兵隊に志願してベトナム戦争に従軍した。そして上官に命じられるまま十三か月間、ジャングルで多くのベトナム人の命を奪ったという。ある日、撃とうとした濠の中のベトナム人の少女を見ると、いままさに出産しようとしているところだった。思わず両手で赤ん坊を受け止めた。少女はへその緒を口でかみ切り、赤ん坊を奪い取って逃げた。

そのときから自分の中で何かが確実に変わった。それまでのように敵を撃てなくなった。本国帰還後、彼は社会にも家族にも受け入れられず、重度の戦争後遺症に何年も苦しむことになる。自分のことが話せるようになるまで長い年月を要した。

高校の同級生だった女性教師の招きで、小学生らに自分の体験を話したときのことだ。一人の女の子に「あなたは人を殺しましたか？」と質問された。長い沈黙のあと「イエス」と答えた瞬間、涙があふれて止まらなくなった。その子は近づき「かわいそうなネルソンさん」と言って体に触れた。ほかの子どもたちもみんな集まってきて、涙を流すネルソンさんの体をさすり、なだめるようにしてくれたという。

そんな体験を経て、彼は世界中の戦争をなくす運動に身を投ずるようになった。一時はホームレスになり、自殺寸前までいったという。しかし、彼をケアする人、生活を支援する人がいて、彼はボランティアとして社会に復帰できた。彼は米国でも貧しく犯罪の多い地域で、アフリカ系とヒスパニック（中南米系）の中学生や高校生に教育の場を提供し、暴力に訴えないようにするトレーニング、軍隊以外の仕事につく教育訓練を続けている。

ネルソンさんの話を学舎のメンバーたちは息を詰めて聞いていた。僕は米国のバーで会った青年のことを思い出していた。戦争という国家のゆがみを一身に背負わされた人間の一つの希有な現れがここにあると思った。一人の「いちばん弱い者」の震えが周囲に伝わり、共鳴が広がり、人と人がつながっていったのだ。

人と人の関係に対価はない

人と人をつなぐものはなんだろう。お金だろうか。力だろうか。そういうつながり方は確かにあるだろう。そのつながりが大きく今の社会を動かしているのだろう。そうして動いている世の中を僕らはあらためて見つめなおす必要がある。

人の世話をするケアや介護に対価を求めることは普通のようになされていることだ。学舎内でもそうした声を時に聞く。「負担を抱えた人たちの生産性には限界がある」「介護しながら生産などできない」「ケアには対価をもらってもいいのではないか」

そのたびに僕は反論してきた。

病気になった人がいたらお世話をし、動けなくなったらお世話をされる。それはそれだけのことだ。目の前に泣いている赤ん坊がいたら抱き上げ、倒れた老人がいたら手を差し出すように、それだけなのだ。人と人の関係にもともと対価や取り引きはない。これだけやってあげたから、これだけくださいという等価交換は成立しない。

つまり、与えっぱなし、もらいっぱなし、ということだ。トモヒロが一年間貯めた十五万円を放送局に持っていったのは、あげっぱなしだ。肥満のテスが両腕のないイチカワの面倒をみはじめたのは、何かの見返りを求めたわけではない。自分が人を殺したことに涙を流している大人の体を少女たちがさすったのは、ただそうしてあげたくなったからそうしただけなのだ。

僕ら人間が自然からずっともらいっぱなしのように、人と人の関係は、与えっぱなし、もらいっぱなしで、それが本来の姿なんだと思う。そこに対価を介在させたとき、とたんに人と人は世話する側と世話される側、あげる側ともらう側、売る側と買う側に分かれてしまう。利害や損得が入り込む余地ができてしまう。そのとき人はもう目の前にいる人間を「仲間」とは呼べないだろう。仲間と呼べるときに実はもう、人はちゃんと「もらっている」のだ。そして仲間と呼ばれたときにすでに「あげている」。

与えっぱなしとは、本当はもらいっぱなしのことなのだ。

そんな仲間がいて初めて、僕らは生活をすることを求めて「稼ぐ」必要が生じる。未来の社会に向けた投資をお願いできる。一緒に仲間に入りませんか、と呼びかけることができる。

人と人がお金や力ではなく、人の心を原動力につながるとき、何が起こるだろう。人の心を揺り動かすことが起こると、それまで人々の中に眠っていた可能性やエネルギーが呼び起こされ、そこに本来必要とされるものが集まってくる。人と人が気持ちを合わせると、世の中のモノや金や人や情報が、人々が本当に求めているところへ自然とめぐっていく。エネルギーが動きだし、ボランティアが立ち上がり、情報が伝わり、やがて経済があとからついてくる。そして、政治や行政や市場がなしえなかったことができてしまう。

共振し合う一人ひとりの内発的な力が、いちばん確かで強いのだ。

こうして心の奥からわいてくる力が全体に及んでいくことこそ、人間にとって真に心躍ることではないだろうか。一人の思いと行動がそばにいる人を動かし、さらにもう一人に伝わって、やがて全体が大きなうねりを見せる動きにつながっていく。ちょうど一つの音が別の音と共振し、やがて全体で美しいハーモニーが高らかに響くように。そのときに人は、本当に心満たされる思いと生きている実感を味わうことができるのだと思う。

僕からは何をあげよう

幼いころの記憶で、心の奥深い場所に根を張って、決して消え去らないものがある。それは決まって重く暗い。その記憶が、どこかで自分の生き方を決めているようにさえ感じることがある。

小学校四年のときだった。病院に行くために、僕はきょうだい三人で小雨の中を歩いていた。すれ違った高校生くらいの男子に呼び止められた。僕はそのとき財布を手に握っていて、脅し取られるなと直感した。

僕は空いていたもう一方の手で小学一年の妹の手を握り、一つ下の弟に「逃げるぞ」と言って走りだした。二十メートルほど走ったときに、弟がついてきていないことに気がついた。僕は弟を置き去りにしたのだ。そのとき、僕の心を浸した何とも言えぬいやな気持ちを、僕は一生忘れることはない。

立ち止まって振り向くと、弟は固まってしまったのか、捕まってしまったのか、高校生のそばに立っている。ゆっくり戻ると、すぐ脇《わき》の古ぼけた無人の建物の中に連れ込まれ、「財布を渡せ」とすごまれた。いやだと言うと、しこたま殴られた。あまりに殴るので持っていた傘で抵抗すると、妹が大声で泣きだし、彼は何も取らずに立ち去った。

弟を置き去りにして走っていたことに気づいたときの気持ちを「後ろめたさ」と呼ぶのか、「罪悪感」と呼ぶのか、「自己嫌悪」と呼ぶのかわからない。しかし、その後も戦争ごっこをしているときとか、友達と遊んでいるときに、同じような思いを何度か味わった。それはいつでも鉛色の雲がたれこめたような、何ともいえず不快でやりきれない感じだった。

以前、ファミリーレストランの大手チェーンをつくり上げた会社社長と話したことがある。そこで「君の生きがいは何ですか?」ときかれた。しばらく考えて答えた。

「僕は競争したら、負けるのは絶対いやなんです。だからとことん挑んでいきます。でも競争はフェアでないと面白くない。僕がさまざまな面で有利になるような力と条件をもらっているなら、ハンディを課さなければつまらない。ゴルフにもハンディを課すルールがあるじゃないですか。僕はフェアに楽しく生きたいから、全力を出して普通の生活を送れるようハンディを背負うことにしています」

僕はいつのころからか、どこかで決めていたように思う。速く走れない人がいたら、自分だけ逃げ去るようなことは二度としない。僕が人よりも速く走れるならば、ゆっくりとしか歩けない人が安心して歩けるようにするために、僕は全力で走りまわろう。彼らが自分のペースで歩けるような場を一緒につくっていこう。そのほうが断然フェアで楽しいはずだ。

僕はいつも、すべては「ギブ&テイク」だと思っている。ギブ&テイクと言うと、「もらった分だけ返せ」という打算的な損得勘定に受け取られがちだが、そうではない。「持ちつ持たれつ」とも少し違う。

この体とこの人生という時間は、みんな初めから自分がもっていたものだと思っているかもしれないが、僕はそうではないと考えている。もし神様がいるとしたら、神様がくれたものだ。僕はクリスチャンだから、つい神様と表現してしまうが、仏様でも宇宙の法則でもいい。サムシング・グレートでもなんでもOKだ。自分たちを超えたものが、何を意図して自分にくれたのかはわからないが、とりあえずいただいてしまった。まず、ありがとう。ではせっかくだから、僕からは今度、何をあげましょうか。

しかし、神様と対等の立場でいただいたものを返すとすれば、それは一生、神様のために生きなければいけないことになる。それはどうしたって返済しきれない。いつも借金状態で生きなければいけない。

ところが、聖書にちゃんと書いてあった。「いと小さき者にしたことは、私（神）にしてくれたことである」。これはありがたい。助けを必要とする人にしたことが、借金を返したことになるという。少しずつでも借金を返せるわけだ。それでも返せない分は、キリスト教ならば、イエスが十字架にかかって「残りは任せて」と肩代わりしてくれたことになっている。もし本当にそうなら、すごく気楽に安心して生きていけそうだ。

日々の生活で、僕らはほかの命をいただいて生きている。それは事実だ。しかし、もっと言えば、すべての人生は最初から「いただいてしまっている」。初めから、もらいっぱなし、与えられっぱなしなのだ。それはそれで、ありがたいことだ。

しかし、そのことにある日気づいたとき、「まずいな、これは」「これは面白くないぞ」という感覚をもつかどうか。まるっきりもらったものをちょっと返そうと思うかどうか、少し隣の人にあげようと思うかどうか、誰かが拾えるよう置いて去ろうと思うかどうか。そう思えるかどうかは、人が分かち合う喜びや共振し合う喜びの中で生きていけるかどうかの大きな転換点となるように思う。

自然の力を引き出す

家庭でも学校でも職場でも、そこにいられなかった人たちは、その組織のゆがみを個人として背負わされてしまった人たちだ。僕はそう考えてきた。僕らはそういう人たちと一緒に暮らしながら、その人の問題を解決するために、その「ゆがみが何であったのか」「どうしてそうなったのか」を理解しようとする。同じようなことを繰り返させないために、それはぜひ必要なことだからだ。

でも実際はどうしていいかわからない。マニュアルはない。ただできるのは、「きちんと生きていけるように」との願いを抱いて、それぞれと向き合うことだけだ。決して目をそらすことなく、時間をかけて交わってゆくことだ。そうするうちに、彼らはゆっくりとだが、必ず心を開いてくる。彼らが何を望んでいるのかが見えてくる。

彼ら自身にもわかってくる。

　彼らが望み求めることを見つめているうちに、この世の中で「何が満たされていないか」「何が必要とされているか」が、おぼろげながら浮かびあがってくる。社会の表には現れないけれども、社会に潜在している必要性が見えてくるのだ。

　そして、彼らを追い詰めた原因を探っているうちに、この社会のゆがみが見えてくる。さらに彼らの望みがかなえられるよう試行錯誤しているうちに、今度はゆがみを解決するためのヒントが出てくる。つまり彼らこそ、世の中が解決できなかった問題が何なのか、その問題をどうやって解決したらいいかを指し示してくれる。だから、僕は彼らのことをメッセンジャーと呼ぶ。

　新得共働学舎に即して言えば、社会に潜在している必要性とは「自然のリズムに沿ってつくる本物の味」だった。それは、ゆっくりとしか仕事ができない人たちの特性を生かしたからこそ生まれたものだった。牛の世話からチーズづくり、販売に至るまで、できるだけ機械を使わずに、それぞれが協力して生産していく。それが彼ら自身の生きる手ごたえと、人と人が共振し合う喜びの発見につながっていった。

　彼らに内在する可能性を生かそうとしたときに、土や牛や微生物が本来もつ価値が引き出され、社会が求めていた本物の味に結びついていったということだ。人間を含めてすべての生き物、自然にもともと備わっている力、可能性、本質を引き出したとき、僕らが本来求めるようなものに行き当たったのだと思う。

そこから浮かびあがる社会のゆがみとはなんだろう。そのゆがみとは、自然の法則、いのちの法則を無視したことだ。経済性を追求して、より速く、より多く、より効率よくという価値観で走りつづけ、地球環境を破壊し人々の心を疲弊させてしまったことだ。

だから、今の社会が突き当たっている壁を乗り越えるためには、自然の法則に沿うことがまず必要になる。そして、もともとある自然の力を引き出すことだ。自然のリズムに同調した生産と内発的な生き方が、まず僕らに健康を与え、心を満たす。環境を守る。そのうえに成立する経済の仕組みを探る。そうして人間一人ひとりのいのちが自然のリズムに合わせて共振したとき、次の社会につながるような大きな力が働くように思う。

これは理想とか理念ではない。僕が共働学舎のメンバーとともに働き、生活し、苦楽を共有してきた体験からにじみ出る思いであり、確信だ。彼ら一人ひとりから僕が実地に学んだことなのだ。

次の時代が求める新しい種は、どこに埋まっているのだろう。どこかで芽を出すときを待っているはずだ。これからも僕らがいる農場には、そうした種を宿した人間がやってくるに違いない。それはどんなふうに育ち、どんな花を咲かせるだろう。

社会の中で存在する意味が見いだされなかった人の中に、次の社会をつくり出す新しい可能性を見つけることができたら、それは僕らの宝となる。僕らが見つけてきた宝は、その持ち主を豊かにし、周りを豊かにし、社会を豊かにしてくれる。共働学舎新得農場を三十年続けてきて「何をしてきたか」と問われたら、僕は「宝探し」と答えるだろう。

注（解説）

＊１（143頁）

牛乳から電位を奪わないということは、生きた牛乳を殺さないということだ。電位を奪うと死んで雑菌がわく。すると、殺菌が必要になる。経費がかさみ、味が落ち、個性を失う。殺菌しなければ、有効菌が入っているから、そのままチーズができる。だからＡＯＣのチーズはほとんど無殺菌でつくっている。

＊２（145頁）

マチュピチュには朝日の当たる場所に、常磁性（パラマグネティズム）の非常に高い石を組んだ段々畑がある。常磁性とは磁場の中に置かれた物質が磁界と同じ向きに弱く磁化されることを指し、米国の電磁気学者で昆虫学者のＰ・Ｓ・キャラハン博士がその測定器を開発した。

常磁性の高い石は、セラミック効果で朝日のエネルギーを波長変換して大量の遠赤外線に変えて土の中に放射する。すると、やせた土地にある養分をイオン分解し、作物の栄養吸収率がぐんと上がる。だから、やせた土地でも収量を上げることができるのだ。

オリャンタイタンボを見ると、頂上に大きな石を運びこんだうえ、マメ科植物を植えている。マメ科の窒素固定による窒素肥料を含む土壌を水流で下方に運び、そこでトマトやコーン、アマランサスを育てている。

段々畑を流れるその水は、下を流れるアマゾン川上流からではなく、炭を要所に埋めて何キロも離れた氷河の雪解け水を引いてきている。そうガイドが説明した。炭を埋めることで自然に水道ができて、この高所へ誘導しているというのだ。一緒にいた米国人は「そんなことあるわけないじゃないか」とゲラゲラ笑っていた。でも僕は「それはありうる」と言った。

僕には経験があった。十勝川の下流に住むおばあちゃんが、川の土手下の湿地を使おうと三か所に炭を埋めたら湿地が乾いたという。さらに半地下のビニールハウスをつくろうと乾いた土地を掘ったら、数センチの穴が開いていて、そこから水がぴゅーっと出たというのだ。どういうことだろう。

学校で習った「フレミングの左手の法則」は、電流が流れる導体にかかる力と磁界の関係を示すもので、電・磁・力の方向を示す中指・人差し指・親指は互いに直角の関係になる。

炭を埋めた三か所はたまたま南北の磁力線に沿う方向だった。炭を埋めることで磁力線が強くなる。するとマイナスの電子が流れこむ。炭の集電子効果だ。土中の水の分子は電子を含むことになってマイナスの電荷を帯びて力を受け、磁力線に対して直角に移動する。徐々に水が集まり、抜け口があれば土を運び出しながら水道ができる。土が乾いたのは水道を通って水が抜けたからで、水が飛び出た穴はその水道だったのだ。炭埋による農法は古代から伝わっているし、僕自身、炭を埋めて環境を整える試みを長年やっていたから、自然に理解できたことだった。

「だからガイドさんの言うことは正しい。それはできるよ」と言うと、ガイドはすごく喜んでいた。なぜわざわざ雪解け水を持ってきたのか。雪解け水はクラスター（構造単位）が小さく、純度が高い。その水がサイフォンの原理で地下茎を通って尾根まで運ばれるうちにミネラル分を含みこむ。その水を頂上にある常磁性の高い石による遠赤外線効果でエネルギーを高めたうえ段々畑に流す。インカの人々はこうした仕組みを知っていたのだ。

それがチーズづくりとどう関係するのか。牧場でチーズを生産する場合、最も気をつかうのは衛生管理だ。僕は衛生対策に炭と微生物の利用を考えていた。またチーズづくりに必要な有効菌による発酵も、太陽エネルギーと炭の集電子効果で促すことができるはずだった。

生きている肉体は腐らないが、死体は腐敗する。腐敗微生物による有機物の分解だ。誰でもこれは認める自然現象だ。では、なぜ生きている肉体は腐らないのか？　微生物にとって生きている体と、死体の違いは何だろう？　教科書には、僕ら人間と微生物が共生関係をもっていると書かれている。僕らが生きているときに微生物に何かを提供し、死ねば提供できなくなる。それは何だろう？

熱か。死体は体温が低い。しかし、三十六・五度に死体を置けば腐敗がさらに進むからこれは違う。水分か。死んでもすぐに水分は変わらない。分泌物か。死体に分泌物を注入しても腐る。生と死で明らかに違うものがある。それは電位だ。死ぬと脳波や心電図が反応を止める。電位がなくなったときを死とすると、微生物はそこに反応しているのではないか。

人間は生きているときには約〇・三ミリボルト（別の説では五〜五・五ミリボルト）の電位をもっているという。元気がよければ電位は上がり、死に近づけば電位はなくなっていくという。エネルギーが循環していることが生きていることであり、エネルギーの循環が止まると死を迎える。

要するに乾電池と同じだ。つまり環境中にいる菌のうちで発酵に携わる菌を活性化させようとするなら、その菌がいる空間に電位を生じさせれば、よく発酵することになる。その場のエネルギーを循環させてやることで、もともといる有効菌を活性化させ、自然のもつ力を発揮させることができる。

だから、土地という場でエネルギーが循環をしているときには「生きた土地」と呼び、いい水が出て、いい菌がいて、いい発酵食品ができる。僕は「生きていること」を「エネルギーが循環している」と位置づけて、自然の生態系に沿ったチーズ製造と衛生管理の仕組みを考えていた。

＊3（149頁）
三つの課題を解決するためにどうしたか。まず、牛舎や他の施設の下に炭を埋め、マイナスイオンを供給した。餌《えさ》の上に、アースジェネターと呼ばれる土壌微生物をトッピングし、

家畜の胃の中をできるだけ野生に近づけるようにした。乳酸菌をはじめとする有効菌が生体内で繁殖すると、糞《ふん》そのものが種菌になって牛舎の牛床で発酵する。その中をマイナスイオンが移動すれば、良性の菌の発酵が進んで腐敗菌を抑える。

その結果、牛舎の悪臭は消え、ハエは微生物の出す酵素で羽化を阻害され、発生しなくなった。糞尿や汚水浄化の手間も軽減された。乳牛はスタンチョン（首かせ）やストールにつながない放し飼い方式で、発酵床に自由に座れるようにしてストレスをなくした。

だから、学舎の牛は病気が少なく、よく反すうして、落ち着いている。僕がぽんと背中に腰かけても立たないぐらいゆったりしている。

ただし、牛舎を鉄骨で造ったら、鉄筋を通して電子は放電されてしまう。電子が牛舎内を回らなくなる。だから牛舎は木造でなければならない。この仕組みによって牛舎そのものが「生きた場」になっていれば、しっかりとした微生物による防疫機能が確立できる。発酵原理に基づく発酵牛床が衛生管理に役立つことは、乳牛の病気の少なさ、乳質の良さを見れば明らかだ。こうした微生物の応用は、菌を生かしたチーズづくりとまったく同じ理論に基づいている。

この仕組みをもった木造牛舎の仕組みは、道立畜産試験場では「バイオベッド」（発酵床）として紹介され、研究論文で発表された。さらに北海道江別市の酪農学園大学では、有機物の循環系をテーマとした卒論で取り上げられ、自然に対する窒素負荷が最も少なく、家畜の治療費が極端に少なくなることを示す例となった。

現在、畜産現場はカラスなどによる微生物汚染が深刻な問題となっている。最も確実な防御法は「微生物は微生物で守る」ことだ。そのためには発酵を司る微生物が必要としている環境をつくることだ。薬品により微生物を殲滅《せんめつ》し、みずからの抵抗力を落とすよりも、微生物と共存し、発酵作用により自然な安全状態をつくるほうが安心なはずだ。

このアイデアは、日本古来の炭埋技術、キャラハン博士の電磁波理論、インカの遺跡などからヒントを得て生まれたものだ。大学で物理学や生態学を研究していたことが、自然のチーズづくりに生かされた。この理論は現場ではある程度実証できたが、さらに科学的な論証が必要だろう。

＊4（170頁）

当初、「月のいたずら」と命名したのには明確な理由があった。共働学舎でつくるエメレットは、大きな穴のできないラクレットチーズなのに、エメンタールのように内部にぽこぽこと穴ができる。最初はなぜかわからなかったが、あるときひらめいた。穴があくのには、なんらかの周期があるのではないか。調べてみると、新月か新月の三日後ぐらいに比較的よく穴ができる。つまり微生物が活性化してガスを出す周期は、月の運行と連動しているということだ。これはどういうことか。

朝日と夕日の違いから説明する必要がある。植物が生長するには朝日の光がいちばんいい。竹の子は朝日とともに伸びるが、夕日では伸びない。朝どり野菜はうまい。稲穂を乾かすには夕日の当たる西側が最適だ。朝日に当てると発芽してしまうからだ。お百姓さんなら誰でも知っている昔からの経験知だ。こうした事実からわかるのは、朝日と夕日とでは生き物に与えるエネルギーの質が違っているということだ。

何が違うのか。光源である太陽の光は一つだ。それが地上では違う性質のエネルギーとなる。こう考えたらどうだろう。朝夕で違っているのは、地球に来る太陽風によって影響を受ける地球の磁力線の密度である。つまり、地球の自転によって、地球上の朝側では太陽風に向かう磁力線は押されて密となる。電磁場の波長は短くなって紫外線領域に傾き、電位、つまりエネルギーが高まる。それが生物の酵素活性を励起する。逆に夕側は〝追い風〟となって磁力線は疎になり、波長は遠赤外線領域に傾いて活性を静める。植物の成長は成長点の酵素の活性で決まるため、朝日と夕日によって植物の生長が異なるわけだ。

これは地球の自転による一日のエネルギー変化のリズムだが、月の関与、公転を計算に入れると、旧暦の月や年によるエネルギー変化が、生物の生長に一定の法則を与えていることになる。たとえば、新月後には、蛍が光を発したり、貝が精子を放出したり、特異な自然現象がさまざまに起こることが指摘されているが、それらも地球と月と太陽が織りなすエネルギー環境で説明できる。新月直後は東の空に月より太陽が先に出るようになることで、太陽から朝日として届くエネルギーが加勢されるかたちになるわけだ。

オーストリアの製材業者エルヴィン・トーマは、著書『木とつきあう智恵』（地湧社刊）の中で、新月直前に切った木は虫などに強く長持ちすることを指摘しているが、それも同じ理論で説明ができる。あるいはシュタイナー思想の実践としてニコラ・ジョリーが提唱するバイオダイナミック農法も同様だ。

もちろん、このエネルギー変化は生物の一員たる人間にも影響を与える。単純に言えば、朝日とともに起きて活動を始め、夕日が沈むとともに活動をおさめて眠る生活スタイルが、最も自然の法則にかなない、心身にいいということになる。「早起きは三文の徳」ということだ。自然の生活リズムを無視した現代のライフスタイルと、急増する心身の変調は密接な関係があると思う。

電磁波をめぐる考察は、ここではこれ以上立ち入らず機会を改めたい。この理論はまだ実証的に解明されたわけではないが、僕自身は炭埋やチーズづくりの体験によって裏付けている。二〇〇八年九月十日にスイスとフランスの国境で、宇宙の謎を解くべく巨大な素粒子加速器の本格運転が始まった。実験によって、自然界のあらゆる力を記述する統一場理論が完成すれば、以上の仮説が証明されるかもしれない。

あとがき

二番草を刈り終わり、ちょうどよい草丈の山の草地に来ている。

草地として拓いたときに残した木が十数本、入り組んだ十町歩の中に点在し、気持ちよさそうに枝を伸ばし、その樹種本来の姿を見せている。草地の端では鹿の母子が草を食み、子狐が茂みから頭を出してこちらをうかがっている。北海道立の畜産試験場の建物が小さく点在して見える。石勝線の「スーパーおおぞら」が狩勝トンネルへ向かって上っていった。

聞こえるのは木々を揺らすそよ風、チッチッとシジュウカラやゴジュウカラが木々の間を飛ぶ鳴き声。遠くで誰かがチェーンソーで木を切っている。冬のまきをつくっているのだろうか。

この草地だった。二十五年前、夕日を見ながら刈り終えた草の上に横たわっていたとき、あるイメージが頭の中に飛びこんできた。地球が太陽を周っている法則も、水の分子が回転しているのも、宇宙の銀河が回っているのも、みな同じ法則ではないだろうか――。

僕はこの自然から多くの智恵を授かった。そして、さまざまな人たちに教えられた。人の生きる本質を、家族の在り方を、健康のもつ意味を。先人たちには問題にどう対処し、解決していくかを学んだ。

これまでの五十七年を振り返ると、性格は多分に双方の祖父母から受け継いだ。もちろん、両親である宮嶋真一郎・澄子の家庭で育てられ、羽仁吉一・もと子先生の自由学園で教育されたことが僕の土台のほとんどを占めている。宗教的には浅野順一先生に大きく導かれた。米国で家族のように受け入れてくれたハワード／アリス・ボーゲリー夫妻やジェイクじいさん、ウィスコンシン大の教授たちは米国の真の姿を教えてくれた。

新得町へ招いてくれた佐々木元町長と広瀬元助役は、人生最大の挑戦の場を与えてくれた。十勝で農業をしていく術は、新得農協の岩野元組合長はじめ、周りの農家の諸先輩方から学んだ。炭による環境改善を始めたきっかけは電子農法のグループの方々、炭埋技術についてはなんといっても伊藤孝三先生だ。福井から何度も北海道へ足を運び、場のエネルギーの流れを整える方法を実地で教えてくれた。食品に関する良し悪しは、札幌の自然食品店「まほろば」の宮下周平・洋子夫妻によるバイ・ディジタルO‐リングテストを通して学んでいる。

チーズの世界では、もちろんジャン・ユベール元フランスAOCチーズ協会会長だ。次は何をつくって持ってくるか、いまだに楽しみに待っていてくれる。現場の微生物コントロールのヒントは、元帯広畜産大教授の中野益男先生にいただいた。今では共働学舎の理事まで引き受けてくださり、大いに助けられている。科学の世界では、エネルギーのとらえ方をオークランドの自宅で手ほどきしてくれた米国のP・S・キャラハン博士がいちばん大きな存在だ。

地湧社の増田社長は、多くの国の空を熱気球で飛びまわった経験から、高い所から眺めたくなる僕の心理を捕まえるのがうまい。雑然と心の中にしまわれている思いを次々に引き出してくれる。このチャンスをくださったことに感謝している。いろんな分野にすぐにワープしてしまう僕の話をつなぎ留め、理解し、整理するのを手伝ってくれた片岡さん、ありがとう。そしてこの本づくりに心から協力された地湧社の皆さん、ありがとうございました。

最後にこんなふうに自由奔放にものを見て、行動しているのを厳しくも見守りつづけてくれた両親ときょうだいたちに感謝しています。三十年この牧場から逃げ出さずにやってこれたのは、なんといっても妻の京子と子どもたちがいてくれたからだろう。ふだんは絶対に言わないけれど、ありがとう。

そして、僕が三十年ともに歩んできた共働学舎のメンバー。彼らから与えられるものは、いつでも「困ったこと」から始まった。それはいつも僕らの心の奥に潜むゆがみや偏りが、かたちとして現れていることだった。その元に目を注ぎ、自分に何ができるかを感じ、思うことで、いつも答えは与えられた。感謝が尽きない。ありがとうございます。

応えられた祈り

大きなことをしようと、強さを求めたのに
小さなものの気持ちがわかるように、弱さを与えられた

より大きなことをなそうと、健康な体を求めたのに
より善いことをするように、病弱を与えられた

たのしく楽に暮らせるように、お金を求めたのに
生き生きと賢く生きるように、節約の生活が与えられた

世のすべての人に誉められようと、権力を求めたのに
真実に気づき従うように、地に生きる道を与えられた

人生を楽しめるように、あらゆるものを求めたのに
あらゆるものを受け入れ幸せになるように、生きる場を与えられた

自分が求めたものは何一つ手に入らなかったけれど、
私自身気づかない心の叫びに耳を傾けていてくれた

真実に背いていたにもかかわらず
私の言葉にならない祈りは応えられていた

この世界のすべての人の中で、
私は最も豊かに祝福されている

——ニューヨーク大学リハビリテーション研究所の壁に
掲げられているという作者不詳の詩、宮嶋 望訳——

僕はあまり声を出して祈らない。でも、この祈りはいつも心の中にある。

二〇〇八年九月
北海道 新得共働学舎にて

宮嶋 望

「応えられた祈り」原詩

Answered Prayer

I asked God for strength, that I might achieve,
I was made weak, that I might learn humbly to obey.

I asked for health, that I might do greater things.
I was given infirmity, that I might do better things.

I asked for riches, that I might be happy,
I was given poverty, that I might be wise.

I asked for power, that I might have the praise of men,
I was given weakness, that I might feel the need of God.

I asked for all things, that I might enjoy life,
I was given life, that I might enjoy all things.

I got nothing that I asked for — but everything I had hoped for.

Almost despite myself, my unspoken prayers were answered.
I am among all men, most richly blessed!

●著者プロフィール

宮嶋 望（みやじま のぞむ）

1951年9月4日、前橋生まれ、東京育ち。

'74年3月、自由学園最高学部卒業。卒業論文は森林生態学で「森の植生遷移」。

4月、米国ウィスコンシン州で酪農実習。

'78年6月、ウィスコンシン大学マディソン校の畜産学部を卒業。北海道上川郡新得町に入植、共働学舎新得農場を開設。

'89年〜　北海道地域おこしアドバイザー。

'90年〜　新得町第5期長期策定委員（保健福祉部会 部会長）（〜'94年）。

'90年11月、「ナチュラルチーズ・サミット in 十勝」を企画、開催。

'94年〜　新得町第6期長期策定委員（保健福祉部会 部会長）（〜2000年）。

'98年2月、第1回オールジャパンナチュラルチーズコンテスト最高賞受賞。

2000年3月、チーズプロフェッショナル協会の理事に就任。

'04年6月、NPO新月の木国際協会の理事に就任。北海道「道産食品独自認証制度検討委員会」委員に就任。

11月、NPO日本有機農業研究会認定 有機農業アドバイザーに就任。

'05年6月、十勝・帯広でのナチュラルチーズ国際会議企画・開催委員。

'06年5月、NPOチーズプロフェッショナル協会の理事に就任。

8月、NPO共働学舎設立、副理事長に就任。

10月、「夢のとびら」（TBS）で新得共働学舎が紹介される。

'07年6月、NPO新月の木国際協会、副理事長に就任。

'08年4月、オーストリア・マイヤーホーフェンにてブラウンスイス牛の国際会議で発表。

世界各地のチーズコンテストで各国際賞を多数受賞

'04年10月、第3回山のチーズオリンピック（スイス）で「さくら」が金賞とグランプリを受賞。'05年10月、第4回山のチーズオリンピック（イタリア）で国際チーズ特別賞受賞。'06年6月、モンドセレクションで「さくら」が金賞受賞。'07年5月、モンドセレクションで「さくら」「笹ゆき」が最高金賞を受賞。'07年10月、第5回山のチーズオリンピック（ドイツ）で「さくら」が金賞、「エメレット」が銀賞を受賞。国際貢献賞もあわせて受賞。'08年4月、モンドセレクションで「笹ゆき」が金賞、「ラクレット」が銀賞を受賞。

みんな、神様《かみさま》をつれてやってきた

2008年11月 5 日　初版発行
2015年 1 月10日　3 刷発行

著　者　宮　嶋　　望　

発行者　増　田　圭　一　郎

発行所　株式会社　地《ち》　湧《ゆう》　社
東京都千代田区鍛治町 2-5-9（〒101-0044）
電話番号・03-3258-1251　郵便振替・00120-5-36341

装　幀　塚本やすし

印　刷　モリモト印刷

製　本　根本製本

ISBN978-4-88503-200-4 C0037

たったひとつの命だから

ワンライフプロジェクト編

福岡県久留米市のミニFMに寄せられたメッセージを中心に集めた文集。一人が発した言葉が他の人の心を揺さぶり、次のメッセージを呼ぶ。深く魂が響き合う様子が生き生きと伝わってくる。

四六変型上製

いのちは即興だ

近藤等則著

著者は世界中の大自然の中でトランペットを即興演奏し、地球との共振・共鳴感覚を体験してきた。社会のワクに縛られずに思いきり自由に生きたいと願うすべての人に贈る、魂を奮い立たせる言葉。

四六判上製

この子らに愛を教えられて

山浦俊治著

障害児施設・子羊学園を開設した著者が、その活動を根底で支えてきた愛と平和への熱い思いを綴る。心を打つエピソードを通して、弱さを抱え込んで生きる者たちと共に在ることの意味を問う。

四六判上製

いのちの輝き感じるかい

「牛が拓く牧場」から

斎藤晶著

北海道旭川の山で、牛と草のいのちの力に任せて美しい牧場を作ってきた老人が語る、素朴でこころに響く言葉を、牧場のカラー写真と共に贈る。安らぎと自分らしく生きる勇気を与えてくれる本。

A5変型上製

木とつきあう智恵

エルヴィン・トーマ著／宮下智恵子訳

新月の直前に伐った木は腐りにくく、くるいがないので化学物質づけにする必要がない。伝統的な智恵を生かす自然の摂理にそった木とのつきあい方を説くと共に、新月の木の加工・活用法を解説。

四六判上製